복 있는 사람

오직 여호와의 율법을 즐거워하여 그 율법을 주야로 묵상하는 자로다.
저는 시냇가에 심은 나무가 시절을 좇아 과실을 맺으며 그 잎사귀가 마르지 아니함 같으니
그 행사가 다 형통하리로다. (시편 1:2-3)

출근하는
그리스도인에게

출근하는 그리스도인에게

2016년 12월 12일 초판 1쇄 발행
2023년 2월 6일 초판 11쇄 발행

지은이 문애란
펴낸이 박종현

(주) 복 있는 사람
주소 서울특별시 마포구 성미산로23길 26-6
전화 02-723-7183(편집), 7734(영업·마케팅)
팩스 02-723-7184
이메일 hismessage@naver.com
등록 1998년 1월 19일 제1-2280호

ISBN 978-89-6360-210-3 03230
이 도서의 국립중앙도서관 출판예정도서목록(CIP)은
서지정보유통지원시스템 홈페이지(http://seoji.nl.go.kr)와 국가자료공동목록시스템
(http://www.nl.go.kr/kolisnet)에서 이용하실 수 있습니다. (CIP 제어번호: 2016028832)
이 책의 저작권은 지은이와 (주) 복 있는 사람에 있습니다.
신저작권법에 의해 한국 내에서 보호를 받는 저작물이므로 무단 전재와 무단 복제를 금합니다.

출근하는 그리스도인에게

문애란

———

복 있는 사람

다만
빛으로 사는 것을
포기해서는 안 된다.

글을 쓸 만한 인생을 살지 않았다.
돌아보면 후회투성이….
그래서 젊은 친구들을 만나면
내가 겪었던 실수를 반복하지 않도록
돕고 싶은 마음이 간절하다.

J도 그중 하나였다.
아름답고 조용한, 그렇지만 세상 속에서 치열하게
하나님의 뜻을 구하며 살려고 애쓰는 J!
J는 시간이 날 때마다 찾아와서 조근조근 물었다.
광고 분야에서 유명한 이름을 갖고 있었던
내 이면의 삶에 관해.

출근하는 그리스도인으로 살아가며
어떤 고민을 했는지, 얼마나 처절하게 힘들었는지,
그 이유는 무엇이었는지?
아이들, 남편과의 갈등은 어떻게 해결했는지?

60년 인생 속에서 가장 중요한 것은 무엇인지?
가장 후회하는 것은 또 무엇인지?

J는 나의 답을 들으며
자신에게 아주 큰 도움이 되고 있다고 했다.
J의 밝아지는 모습을 보면서…
나의 삶이 정답은 아닐지 모르지만,
출근하는 젊은 그리스도인들에게
조금이라도 도움이 되지 않을까 싶어서,
J의 질문에 대한 나의 답을
책으로 엮어 세상에 내놓는 용기를 내었다.

출근하는 그리스도인의 삶 속에
기쁨이 따뜻하게 스며들기를 바란다.

주님께 감사, J에게 감사.

2016년, 문애란

차례

1부

○

멀리 도망가고 싶을 때
출근하기 정말 싫은 날
참는 것만이 답일까?

무엇을 위해 일하는 걸까

2부

○

달리는 버스 안에서 잠시
눈을 감고 상상해 본다
주님의 손을 잡고 출근하는
나의 모습을

주님과 손잡고 출근하기

5부

○

나를 포근하게 안아 주셨던
주님의 손길은
사람을 향한 나의 시선을
송두리째 바꿔 놓았다

6부

○

하나님을 제대로
알지 못하면
방황은 끝없이 계속된다

무엇을 위해
일하는 걸까

멀리 도망가고 싶을 때
출근하기 정말 싫은 날

참는 것만이
답일까?

웃고 있어도 눈물이 난다

'왜 하고 있는 거지? 이게 무슨 의미가 있을까?'

광고 일을 참 열심히 했다. 광고를 통해 광고주가 성공을 하고, 그 제품이 잘 팔리고, 광고 카피가 유행어가 되면 잠깐은 신이 났다. 하지만 성공하면 성공할수록 마음속엔 허무함이 들어찼다. 날마다 "이거 사세요, 저거 사세요!"라고 외치는 광고를 만드는 게 도대체 무슨 의미가 있는지, 내가 왜 이 일을 하고 있는지 답을 찾을 수가 없어서 괴로웠다. 내 인생 자체가 허무하고 의미 없게 느껴졌다. "아무래도 일을 그만둬야 할 것 같아. 선교사가 되어야겠어"라는 말을 입에 달고 살았다. 선교사가 뭔지도 모르면서 도피처로 삼았던 것이다.

사실 밖에서는 화려한 스포트라이트가 쏟아지고 있었다. 회사에서 함께 만든 광고가 칸느 광고제에서 은사자상을 받고, 국내의 광고 대상을 휩쓸고, 개인적으로는 정부에서 주는 동백 국민훈장을 받기도 했다. 그러나 속은 곪고 있었다. 너무 힘들었다. 아침에 일어나면 회사를 가는 게 마치 지옥에 끌려가는 것 같았다. "웃고 있어도 나는 눈물이 난다"라는 어느 유행가 가사처럼 회사에 가서는 직원들의 눈이 있으니까 반짝 웃고 있었지만, 마음은 늘 슬픔으로 가득했고 울고 있었다.

함
정

웰콤이라는 광고회사를 운영하고 있을 때였다. 회사에서 목회사관학교 강의를 하게 되었는데, 그때 고故 하용조 목사님이 강의 참석차 회사에 왔다. 그런데 새로 지은 사옥을 구경하고 나서 한참 동안 나를 물끄러미 쳐다보았다.

"세상 광고를 이렇게 잘하는데, 하나님 광고도 해보지요?"

정신이 번쩍 들었다. 그때 처음 '내가 하는 일이 주님께 도움이 될 수도 있겠구나'라는 생각을 하게 되었다. 그러자 나를 둘러싸고 있던 어두운 세상이 완전히 뒤바뀐 듯 보였다. 마치 어제가 블랙이면 오늘은 화이트가 된 것처럼.

○

마침 온누리교회에서 맞춤 전도집회를 준비하고 있을 때였다. 광고의 타깃 마케팅과 다름없었다. 그래서 그 일을 돕기 시작했다. 너무나 기쁘고 좋았다. 그러나 거기에도 함정이 있었다. 나는 그때 '일의 목적'에 대해서 바로 알게 된 것은 아니었다. 그저 대체품을 발견했던 것뿐이었다.

교회 일을 하면 스스로가 괜찮은 사람이 된 것처럼 느꼈고, 회사 일을 하면 괜찮지 않은 사람인 것처럼 느꼈다. 이중적인 사고방식을 갖게 된 것이다. 그래서 여전히 회사 일을 하면 힘이 들었다. 진리를 제대로 알지 못했기 때문에 세상 일과 교회 일 사이에서 가랑이가 찢어질 것 같았다. 하나님을 알아 가면 알아 갈수록, 그분의 일을 하면 할수록 내 가랑이는 더 찢어질 듯 괴로웠다. 뭐가 잘못되었는지도 깨닫지 못했다.

많은 그리스도인이 세상 일은 세속적인 것이고, 교회 일은 한 단계 높은 일을 하는 것처럼 인식한다. 나 역시 그랬다. 그래서 회사 일을 하는 것은 하찮게 여기고, 어떡하면 이걸 빨리 끝낼까 하는 궁리만 했다. '이 일을 빨리 끝내고 하나님의 일을 하고 싶다'라는 식으로 계속해서 잘못된 선택을 했던 것이다. 광고 인생을 돌아보면 '일의 목적'을 제대로 알지 못하는 직장인의 삶이 얼마나 괴로운 삶인지 절감하게 된다.

왜

일하는 걸까

직업 특성상 30대 초반부터 다양한 사람들을 만났다. 대통령, 정치가, 대기업 사장을 비롯해 소위 세상이 말하는 성공한 사람들도 많이 만났다. 하도 나이가 지긋한 회장님들을 많이 만나니까 같이 일하던 동료가 "너 그러다 빨리 늙는다"라는 우스갯소리를 할 정도였다. 그런데 성공한 사람들 가운데 상당수에게서 형무소 돌담 위를 걷고 있는 듯한 인상을 받았다. 조금만 잘못하면 그 돌담에서 떨어질 것처럼 그들의 삶이 위태로워 보였다.

광고주인데도 불구하고, 주차장까지 내려와서 우리를 맞이하고 또 배웅하는 겸손한 회장님이 있었다. 함께 일할 당시에는 서울 곳곳에 빌딩이 있을 만큼 그 회사가 번창할 때였다. 그런데 2, 3년도 안 되어서 그분이 감옥에 가게 되었다는 소식을 들었다. 그 돌담에서 발을 잘못 디딘 것이다. 또 어떤 제약회사의 회장님은 아들에게 회사를 물려줬는데, 그 후 자기 밑에서 일하던 임원들이 자신의 말을 듣지 않고 아들에게 줄을 서기 시작하니까 너무 질투가 나고 화가 났다고 한다. 그래서 아들과 사이가 나빠졌고, 결국 가족 간에 서로 고소까지 하게 되었다.

　이런 모습을 가까이에서 수없이 지켜보았다. 선하게 느껴졌던 사람이든 다소 괴팍하게 느껴졌던 사람이든 예외는 없었다. 그러자 내 안에서 '어떤 것이 성공일까, 그 성공의 끝은 뭘까, 무엇을 위해 일하는 것일까'라는 물음표가 끊임없이 내게 답을 요구했다.

화려한

그늘

뒤돌아보면 30대와 40대의 인생은 참 화려했다. 남들의 부러움도 샀고, 언론에도 소개되었고, 박수도 많이 받았다. 그러나 그때 나는 진리를 몰랐다. 하나님이 누구신지 제대로 알지 못했다. 코끼리 뒷다리만 만져 보고, 거기에 내 생각을 멋대로 덧붙인 채 그것이 하나님이라고 생각할 뿐이었다. 그러니까 거의 70, 80퍼센트는 우상이 아니었을까?

　시편 1편에 "복 있는 사람은 악인들의 꾀를 따르지 아니하며 죄인들의 길에 서지 아니하며"라는 말씀이 있다. 죄인의 삶이란 빗나가서 과녁을 맞추지 못하는 삶이라고 하던데, 내 삶이 꼭 그렇지 않았나 싶다. 삶의 중심도, 가정과 직장의 균형도, 일의 목적도 마찬가지였다. 정확한 진리를 향했던 것이 아니라 어디서 들은 것, 내 생각 등에 의존했기 때문에 과녁을 제대로 향하지 못했던 것이다. 결론적으로 나의 30대와 40대는 겉으로는 화려했지만, 과녁에서 빗나간 시간이었다.

○

만약 30대 때 성경에서 일을 바라보는 관점에 대해 명확히 알았더라면, 나는 다른 삶을 살았을 것이다. 불과 몇 년 전에 미국 G&M^Grace & Mercy 재단 회장인 앤디 밀스를 통해 성경적 관점에서 일을 이해하게 된 뒤 '아, 내가 일에 대해 이런 관점을 가지고 있었더라면, 광고 일을 정말 열심히 잘했을 텐데. 어쩌면 지금도 하고 있지 않을까?'라는 생각을 했다. 하나님께서 일을 왜 만드셨는지, 나에게 그 일을 왜 하라고 명하셨는지 알게 되었기 때문이다.

진리를
향했던 것이 아니라

어디서 들은 것
내 생각에 의존했다.

일에 관한
성경적 이해

성경은 '일'을 어떻게 정의하고 있을까? 우리는 하나님께서 일을 왜 만드셨는지, 일의 목적이 무엇인지, 그 일을 주님께서 어떻게 평가하시는지 바로 알아야 한다.

첫째, 왜 일을 만드셨을까?
창세기 2장 5절에 "여호와 하나님이 땅에 비를 내리지 아니하셨고 땅을 갈 사람도 없었으므로 들에는 초목이 아직 없었고 밭에는 채소가 나지 아니하였으며"라는 말씀이 있다. 전지전능하신 하나님께서 왜 사람이 없다고 해서 초목이 자라지 않게 하셨을까? 이는 하나님께서 창세부터 우리를 그분의 동역자이자 일하는 존재로 세우셨기 때문이다.

흔히 오해하고 있듯 아담과 하와가 죄를 지어서 일이 생긴 것이 아니다. 처음의 낙원에서부터 하나님은 우리를 일하는 존재로 만드셨다. 우리의 DNA 속에는 일하는 존재로서의 유전자가 있다. 그분은 일을 축복의 수단으로 주신 것이지, 괴로움의 수단으로 주신 것이 아니다. 또한 우리는 하나님의 동역자로서 일하고 있다. 아침에 집을 나설 때마다 주님의 동역자로서 출근하고 있다고 느낀다면, 삶이 달라지지 않을까?

출근길에 '나는 하나님과 함께 출근한다. 나의 동역자이신 주님의 손을 잡고 간다'라고 생각하면 어떨까? 달리는 버스 안에서, 혹은 지하철 안에서 잠시 눈을 감고 상상해 볼 수 있다. 아주 커다란 인형처럼 든든히 내 곁에 선 포근한 주님과, 그런 주님의 손을 잡고 출근하는 나의 모습을.

그렇게 생각하면 힘도 나겠지만 겸손해질 수밖에 없고, 정직하고 온순해질 뿐 아니라 다른 사람을 좀 더 너그럽게 보게 될 것이다. 주님과 동역하기 위해 출근한다면, 직장에서 하나님의 빛을 발하기 위해 일한다면, 안 보이던 것을 볼 수밖에 없다.

둘째, 일의 목적은 무엇일까?

무엇을 위해서 일해야 할까? 돈? 명예? 물론 일을 통해 그런 것도 얻을 수 있다. 하지만 성경에는 '나를 위해서for me'가 아닌 '다른 사람을 위해서for you' 일하라는 말씀이 많이 나온다. 우리는 말씀을 따라 다른 사람의 유익을 목적으로 삼고 일해야 한다. 성경에서와 같이 하고 싶다면 말이다.

그리스도인이라도 대개는 일터에서 다른 사람의 유익을 생각하지 않는다. 나의 유익을 먼저 생각하기 때문이다. 그러나 그 방향이 바뀌었을 때 관계적인 측면에서나 일하는 현장에서 얼마나 많은 섬김의 기적이 일어나게 될까?

○

인간적인 마음으로는 옆 사람이 힘들어하고 있으면 사실 나도 짜증이 난다. '쟤는 일도 제대로 안 하고, 회사에 와서 꾸벅꾸벅 졸기만 하네'라며 불평하는 마음이 고개를 든다. 그러나 하나님의 빛이 내 마음을 비추면 갑자기 그 친구의 마음이 보이기 시작한다. 그러면 좋은 쪽으로 생각이 바뀐다. '혹시 뭔가 어려움이 있는 것은 아닐까? 집안에 무슨 일이 있나? 내가 커피라도 한잔 사 줄까?'라고 생각하게 된다. 누군가 밖에서 들어와 너무 더워할 때 얼음물을 가져다주는 것, 물잔을 건네며

잠깐 쉬라는 이야기를 하는 것, 이런 사소한 일들 역시 하나님의 빛을 비추는 방법이다. 하나님과 동역하면 옆 사람을 돕고 싶은 마음이 자연스럽게 힘을 얻고, 나를 움직인다.

셋째, 일을 어떻게 평가하실까?

마태복음 25장에 보면 "잘하였도다 착하고 충성된 종아"라는 말씀이 있다. 여기서 '잘했다well done, 착하고good, 충성된faithful'이라는 세 가지 요건이 성경이 말하는 일에 대한 평가의 기준이다.

첫째로 '잘했다'는 죽기 살기로 최선을 다한다는 의미다. 이것은 일의 기본이다. 더불어 그리스도인은 하나님의 영을 받은 사람이므로, "내게 능력 주시는 자 안에서 내가 모든 것을 할 수 있느니라"(빌 4:13)는 말씀처럼 최선을 다할 때 주님께서 최선의 능력을 끌어낼 수 있는 힘을 주신다.

믿지 않는 사람은 잘하는 것에서 끝나지만, 그리스도인에게는 두 가지 기준이 더 있다. 두 번째 기준은 '착하고'이다. 다른 사람을 누르고 잘한 건 아닌지, 제품이나 서비스가 다른 사람에게 해를 끼치는 건 아닌지를 경계하라는 뜻이다. 예를 들어 음식점을 운영하는데 손님을 속이고 싸구려 재료로 음식을 만들었다면, 그것은 결코 '착하고'가 될 수 없다.

세 번째로 '충성된'은 순간순간 주님의 동역자로서, 그분과 동행했는가를 묻는 기준이다. 선택의 순간에 주님께 질문하고 답하며 동역자로서의 관계를 지키는 가운데 일했는지, 혹은 자신의 뜻대로 해놓고 그저 주님께 잘했는지 따져 물은 것은 아니었는지를 살펴보신다는 의미다.

○

하루를 뒤돌아보며 "잘하였도다 착하고 충성된 종아"라는 세 가지 기준을 잘 지켰는지 점검하고, 한 주를 마감하며 다시 한 번 돌아보고, 그다음에는 한 달을 돌아보고, 또 1년을 돌아본다면, 우리의 인생이 어떻게 달라질까? 하나님 앞에 나아갔을 때 그분께 평가받는다는 사실을 늘 염두에 두고 살아간다면? 우리가 새 하늘과 새 땅을 위해, 천국의 확장을 위해 일하며 살아간다면?

하나님 안에서는 교회와 일터가 우리 생각처럼 분리된 것이 아니다. 왜냐하면 일터에서도 하나님께서 우리의 주권자로 계시기 때문이다. 우리는 어디에서든지 예수님께서 다시 오실 그날을 위해 일할 수 있다. 직장에서 함께하는 동료들과의 관계 속에 지옥을 만들 수도 있고, 천국을 만들 수도 있다. 하루하루 내가 하는 모든 일들이 주님의 사역을 풍성하게 만든다는 사실을 기억해야 한다.

2부

주님과 손잡고
출근하기

달리는 버스 안에서
혹은 지하철 안에서
잠시 눈을 감고 상상해 본다.

아주 커다란 인형처럼
든든히 내 곁에 선 포근한 주님과
그런 주님의 손을 잡고
출근하는 나의 모습을.

일
내려놓기

겉으로 "주님께서 하셨죠"라고 이야기하면서도 속으로는 '내가 한 것도 조금 있죠'라고 생각할 때가 많았다. 하지만 내 힘으로만 하면 아무리 열심히 해도 다 사라져 버리고 만다.

이제 와서 보니, 모든 상황 속에서 나와 함께하셨던 진짜 주님이 보인다. 내가 하는 것이 아니다. 다만 주님께서 하시는 일을 내가 보는 것이다.

나는
그리스도인입니다

직장에서 "나는 그리스도인입니다"라고 고백해야 옳은 걸까? 어떤 사람은 괜히 그리스도인인 것을 밝혔다가 조금 잘못 행동하면 예수님을 욕먹인다는 생각이 들어서 밝히지 않는 쪽을 택한다. 또 다른 어떤 사람은 밝히면 스스로 행실을 조심하게 된다는 이유로 밝히는 쪽을 택한다. 그러나 입으로 말하느냐 안 하느냐 그것보다는 스스로가 주님 안에 거하며 하나님의 빛을 비추느냐 비추지 않느냐 하는 것이 훨씬 더 중요하다. 굳이 성경을 책상 위에 올려놓고 살 필요는 없다. 사내에서 문화적으로 반기지 않는 분위기라면 굳이 밝힘으로써 옆 사람들에게 불편함을 끼칠 필요는 없다. 다만 빛으로 사는 것을 포기해서는 안 된다.

○

다른 사람보다 조금 일찍 출근해서 옆 사람의 책상을 정리해 주는 것, 따뜻한 커피 한 잔을 건네기도 하고, 쓰레기통이 가득 차 있으면 대신 치워 주는 것, 그런 삶이 반복되었을 때 주변 사람들은 그로 인해 빛을 느낀다. 다른 사람들이 생각하기를 처음에는 "쟤는 뭐야? 바보인가?"라고 여길 수도 있지만, 그 것이 한참 동안 계속되면 이야기가 달라진다. 누군가 "쟤는 왜 저런대?"라고 물었을 때 "저 사람은 예수를 믿어서 저렇대"라 는 답이 나온다면 가장 좋다.

로마시대에는 "저 사람은 너무 이상하게 행동해. 그리스도 인인가 봐"라는 이야기가 오갔다고 한다. 여기서 이상하게 행 동한다는 것은 다름아닌 손해 보고, 대신 채찍에 맞아 주고, 모 든 것을 포기하고, 희생한다는 뜻이다. 그것은 세상 사람들과 는 다른 삶의 방식이다. 사람들이 "저 사람 왜 저래?"라고 물 었을 때 "그리스도인이라서 그래"라는 답이 돌아온다면 얼마 나 영광된 일일까!

일터에서도 그런 삶의 방식이 필요하다. 그리스도인인지 아 닌지 말하는 것보다 내 안에 정말 하나님의 빛이 있느냐가 더 중 요하다. 그리고 그 빛은 '나'를 위해 사는 것이 아니라 '다른 사 람'을 위해 살아 줄 수 있는 마음을 갖는 것에서부터 시작된다.

상실감에
관하여

경쟁 프레젠테이션이 있는 날이었다. 지금은 모든 것을 컴퓨터로 하지만, 당시에는 타자를 쳐서 슬라이드를 만들어 그것을 넘기면서 프레젠테이션을 했다. 몇 개월간 차곡차곡 프레젠테이션을 준비한 것으로도 모자라 전날 회사 직원들과 밤을 새며 온갖 것을 준비했다. 마침내 광고주의 본사에 도착해 차에서 내리는데, 그만 내가 준비한 슬라이드를 모두 엎어 버렸다. 한순간의 실수였다. 슬라이드는 모두 망가졌다. 결국 프레젠테이션을 제대로 할 수 없었다. 그러자 그 상실감이 이루 말할 수 없었다. 상급자이다 보니 책임감의 무게 또한 엄청났다. 직원들에게 너무나 미안했다.

　홀로 차를 타고 집으로 돌아오는데, 도저히 더 이상 운전을 할 수가 없었다. 누가 가져가든 말든 차를 길바닥에 버려둔 채 택시를 타고서야 겨우 집에 왔다. 집에 들어서자마자 가방을 탁 내려놓고 그대로 쓰러졌다. 그렇게 사흘간을 쓰러졌다가 일어났다. 그러자 일하는 것을 지지해 주던 남편조차 처음으로 회사를 그만두라고 했다. 그 상실감, 피곤보다 더욱 강력한 그 엄청난 상실감이 나를 무너뜨렸다.

○

그런 일이 한두 번이 아니었다. 통신사 광고를 할 때였는데, 프레젠테이션 때 갑자기 준비해 간 영상이 안 나온 적도 있었다. 또 어느 날은 박수도 받고 반응도 좋아서 당연히 일이 잘 성사될 줄 알았는데, 경쟁 업체의 로비로 인해서 모든 노력이 허사가 된 적도 있었다. 대표의 자리에 있다 보니 광고주와의 관계 또한 나의 책임인 것 같아서 몹시 괴로웠다. 상실감 또한 엄청 났다. 그런 일들이 수도 없이 내 인생의 기복을 만들었다. 감정이 널을 뛰었다. 일이 잘되면 기분이 굉장히 좋았다가 일이 잘 안 되면 한참 동안 우울함 속에서 헤어나지 못했다.

○

왜 그랬을까? 왜 그토록 상실감에 휘둘려야 했을까? 일이 나의 중심이었기 때문이다. 일 자체가 삶의 최우선이었던 것이다. 팀 켈러의 『거짓 신들의 세상』에 보면 우상으로서의 일에 관해 나오는데, 그게 꼭 내 이야기였다. 그때는 일이 잘 안 되면 마치 내 삶도 모두 잘못된 것처럼 느꼈다. 일이 우상이다 보니, 일의 성공 여부에 따라서 기분이 올라갔다가 내려가기를 반복했다. 늘 불안과 초조에 시달렸다.

○

그런데 놀라운 것은 당시에 내가 매일 새벽기도를 했다는 사실이다. 요즘도 생각해 본다. 하나님을 그렇게 찾았으면서, 어째서 나의 삶은, 나의 감정은 그렇게 오르락내리락했던 것일까? 주님께서 "나의 평안을 너희에게 주노라"(요14:27)고 하셨지만 나는 그때 평안이 무엇인지 몰랐다. 교회도 가고, 가서 하나님도 찾고, 예배의 자리에 있었지만, 정작 하나님이 정말 누구신지, 성경의 진리가 무엇인지 제대로 몰랐던 것이다. 어쩌면 그때 나는 "비나이다, 비나이다"를 주문처럼 외는 사람과 크게 다르지 않았던 것 같다.

그 사실을 나중에야 깨달았다. 하나님을 진짜로 알고, 진리를 바로 알기 시작하니까 "그분 안에 있으면 될 일은 되고, 안 될 일은 안 된다"라는 것이 일상으로 받아들여졌다. 그러자 이런 일이 있든 저런 일이 있든, 나빠도 좋아도 주님의 뜻을 구할 수 있게 되었다. 전처럼 크게 요동치지 않게 되었다.

될 일은 되고
안 될 일은 안 된다

결혼할 무렵의 좌우명은 "후회는 아무리 빨라도 늦다"였다. 후회할 일은 애초에 하지 말고, 후회할 일을 하면 빨리 잊어버리라는 의미였다. 그런데 몇 년 전부터 좌우명이 바뀌었다. "그분 안에 있으면 될 일은 되고, 안 될 일은 안 된다"라고.

되는 것, 혹은 안 되는 것에는 의미를 두지 않으려고 노력한다. 단지 지금 내가 그분 안에 있는지 없는지를 확인한다. 내가 하나님 안에 있으면 어차피 하나님께서 나를 이끄시니까 될 일은 되게 하실 것이고, 안 될 일은 안 되게 하실 것이다. 그러나 내가 하나님 안에 없으면 되는 것도 안 되는 것도 하나님 뜻이 아닐 수 있다.

◯

우리의 삶을 주관하시는 하나님은 시공간을 초월하시는 분이다. 과거든 현재든 미래든 우리와 늘 함께하시는 그분은 내가 어디에서 어떤 상황에 처할지를 다 알고 계시는 분이다. 그렇기 때문에 그분께 초점을 맞추는 것이 곧 하나님의 뜻, 하나님의 계획이 이루어지는 것이다. 그런데 많은 경우 스스로가 나의 길을 계획해 놓고 "이렇게 해주세요, 저렇게 해주세요"라고 요구하며 반대로 하나님을 조종하려고 든다. 그러나 나이가 들수록 깨닫게 되는 것은 '아, 진짜 하나님 뜻이 중요한 것이지, 이것은 되고 저것은 안 되는 게 중요한 건 아니구나' 하는 점이다.

그분 안에 머물면 나를 통해 예수 그리스도가 나타난다. 그러므로 그 안에 있는 것이 어마어마한 인생의 열쇠다. 하나님께 의지하면 의지할수록 후회가 없어진다. 하나님 안에서 누리는 참 평안이 무엇보다 중요하다.

나는 하찮은 일만 하는
하찮은 사람일까

하나님께서는 사람을 그분의 동역자로 삼으셨다. 그것이 창조의 질서이며, 일의 의미다. 아담이 생물들의 이름을 지으면 하나님께서 그 모습을 보시고 가만히 미소 짓지 않으셨을까? 이와 똑같이 우리가 무슨 일을 할 때 주님 보시기에 아름다우면 하나님께서 우리 옆에서 미소 짓고 계시지 않을까? 그러므로 무슨 일을 하든지, 그 일이 하나님으로부터 왔다는 생각을 끊임없이 해야 한다. 스스로가 보기에 하찮은 일이든 어떤 일이든 간에 '이 일은 하나님께로부터 온 일이다'라고.

○

"무슨 일을 하든지 마음을 다하여 주께 하듯 하고"(골 3:23)라는 말씀이 있다. 하지만 자신이 하찮다고 생각하는 일을 할 때는 그 말씀을 잊고 만다. 대신 옆 사람만 본다. 그러니까 자꾸만 힘들어진다.

지인 한 분이 있다. 아주 잘나갔던 분인데, IMF 때 사업이 망했다. 그래서 가족 모두 길바닥으로 내쫓기고 본인은 아파트 경비원을 하기 시작했다. 잘나가던 회사 사장이 쫄딱 망해서 경비원이 되었으니, 그 심정이 어땠을까? 그런데 그분은 '아파트 단지에 사는 모든 사람에게 기쁨을 주는 사람이 되고 싶다'라는 생각을 했다고 한다. 그래서 맞벌이 부부들의 우편물을 일일이 챙겨 주고, 아이들도 살뜰히 챙겨 주고, 할아버지 할머니는 집까지 짐을 들어다 주었다. 그렇게 사람들을 섬겼더니 그 동네에서 가장 사랑받는 사람이 되었다. 그분의 얼굴이 얼마나 밝은지 모른다. 주께 하듯 한다는 말씀은 이런 의미가 아닐까?

◌

하나님께서 어떤 사람에게는 얄밉긴 하지만 공주 역을 주셨고, 어떤 사람에게는 하인 역을 주셨다고 한들 내가 바꿀 수 있는 것은 없다. 그러나 하나님은 하인 역을 맡은 사람이 최선을 다해서 그 일을 섬길 때 기뻐하시며 어마어마한 상급을 주시는 분이다. 하찮은 일, 힘든 일을 계속해서 해야 할 수도 있다. 어떤 상황도 내 의지대로 바뀌지는 않는다. 그렇지만 하나님께서 그 사람을 주목하고 계신다. 그런 점에서 하찮은 일이란 없다. 하나님은 그 일을 또한 중요하게 여기신다.

일과 쉼의

균형 잡기

부끄럽지만 나 역시 일과 쉼의 균형을 유지하지 못했다. 광고 회사의 경우 업무량이 상당하다. 내가 한창 일할 때는 토요일이 공휴일이 아니었고, 대부분의 광고주가 월요일에 시안을 보자고 했기 때문에 일요일에도 출근하는 날이 부지기수였다. 머릿속은 늘 분주했다. 쉴 틈이 없었다. 항상 일에 얽매여 있었고, 일의 노예처럼 살았다. 하다못해 음악을 듣다가도 좋은 부분이 나오면 광고의 배경음악으로 쓰면 좋겠다는 생각에 음악조차 마음 편히 듣지 못했다. 그렇게 일하고 준비해서 프레젠테이션을 했는데, 일이 제대로 성사되지 않으면 세상이 무너지는 것 같았다.

○

가장 후회되는 것 중 하나가 일과 쉼의 균형을 이루지 못한 부분이다. 스스로에게 "진짜 쉴 수 없었니?"라고 물어본다면, 사실 그렇지 않다. 지혜가 있었다면 아무리 바빠도 쉴 수 있었을 것이다. 지혜가 없어서 항상 일에 짓눌려 살았다. 지금 와서 생각해 보니 일을 계획해서 하는 것처럼 쉼에도 계획이 필요하다.

영국 컴패션에서 일하는 토니가 인상 깊은 이야기를 한 적이 있다. 그는 아침에 커피를 마실 때 탁자 위에 커피를 두 잔 놓는다고 한다. 하나는 자신의 것이고, 다른 하나는 예수님의 것이다. 그렇게 그는 아침마다 커피를 마시며 주님과 대화를 나눈다. 그는 그 시간이 자신에게 가장 좋은 쉬는 시간이라고 덧붙였다.

쉼이라는 건 사실 양보다는 질이다. 정말 짧은 시간이라도 하루 24시간 중에서 30분의 쉼을 갖겠다, 또는 일주일 중에 어떤 시간은 쉼을 갖겠다는 식으로 계획을 세우면 분명히 쉴 수 있다.

○

일과 쉼이 적절하게 조화를 이루지 않으면, 모든 생명이 빨리 끝나 버린다. 하나님께서 인간을 그렇게 만드셨기 때문이다. 하나님께서 6일 동안 일하시고 하루는 쉬신 것처럼 주님의 형상을 지닌 우리는 주님의 패턴에 따라 사는 것이 맞다. 인간에게 쉼은 반드시 필요하다. 그 균형이 깨어지면, 인간은 무너진다. 그러므로 시간표를 짜는 것처럼 일과 쉼의 균형 또한 스스로 계획해서 지켜야 한다.

○

일을 하고부터 한동안은 하나님이 교회에만 계셨다. 삶 속에 쉼도 없고, 계획도 없었다. 아침에 일어나면 부지런히 출근해서 회사 일을 했다. 성경책은 뒤에서 항상 나를 노려보고 있었지만, 그런 식의 숙제를 안 푼 것 같은 시간들을 매일 보냈다. 그러다가 30대 중반에 남편이 큰 수술을 받고 새벽기도를 붙들면서, 그제서야 새벽 5시부터 7시까지 하나님과 교제하기 시작했다.

며칠 빠진 날이 있을지는 모르지만, 지금까지 그 시간을 지키고 있다. 그러다 보니 눈을 뜨면 가장 먼저 하나님이 생각난다. 다른 생각이 떠오르기 전에 하나님이 떠오른다. 말씀을 듣고, 그 말씀으로 기도하고, 하루 일과를 그리면서 모든 일들을 하나님께 고하고, 또 만날 사람들을 위해서도 기도한다. 그렇게 매일 새벽에 하루 치의 식량을 받는다. 주님의 날개 아래서 오롯이 쉼을 누린다. 나에게 쉼은 새벽의 두 시간이다.

일을 계획해서 하는 것처럼
쉼에도 계획이 필요하다.

일과 쉼의 균형이 깨어지면
인간은 무너진다.

성공을
건강하게 누리려면

사회적, 물질적 성공을 영적으로 건강하게 누리기 위해서는 자신을 떠나야 한다. 그리스도인에게 남을 배려하는 것은 무척 중요하다. 돈을 충분히 갖고 있더라도 주위를 둘러보았을 때 가난한 사람이 많다면, 하고 싶은 것을 하지 않을 줄도 알아야 한다. 물론 조금 더 풍요롭게 여행할 수도 있고, 좋은 음식을 먹을 수도 있고, 극장에 자주 갈 수도 있다. 무조건 평등하게, 똑같이 빈곤하게 살아야 한다는 뜻은 아니다. 그러나 상대적으로 지나쳐서는 안 된다고 생각한다. 또한 주변 사람들을 주의 깊게 살펴야 하고, 어떻게 도울 수 있을까를 늘 염두에 두어야 한다. 그리고 무엇보다 나에게 주어진 것, 자신의 능력, 물질, 가족을 비롯해 자신이 가지고 있는 모든 것이 내 소유가 아니라는 사실을 깨달아야 한다. 그것을 깨닫지 못한다면 모두 내 것이기 때문에 너무 아까워서 아무것도 나눌 수가 없다.

청지기라는 말을 수없이 듣는다. 돈에 대해서도 마찬가지다. 기도하면서 말씀을 통해 그 원리를 깨달아야 한다. 십일조를 드리는 것처럼 나누는 것에도 연습이 필요하다. 예를 들어 천 원이 십일조라면, 천 원을 십일조로 드리는 것에 익숙해진 사람은 천 원을 더 남을 돕는 데 쓰는 것을 연습해 볼 수 있다. 어렸을 때부터 연습할 수 있다면 더욱 좋다.

○

욕심과 잘하는 것 well done 은 다르다. 욕심이 할 수 없는 것임에도 계속 추구하는 쪽이라면, 잘하는 것은 자신의 위치에서 최선을 다하는 쪽이다. 광고회사를 운영할 때 백오십 명 정도의 직원들이 있었다. 믿기 힘들겠지만 대표의 자리에 있으면, 직원들이 속속들이 보인다. 최선을 다하는 사람인지, 뒤로 놀러 다니는 사람인지 아무 말 하지 않아도 한눈에 다 보인다. 한결같이 최선을 다하는 사람이 있다면 잘해 주고 싶은 마음이 생기기 마련이다. 다시 말해 욕심을 부려서 승진하는 것이 아니라 최선을 다하기 때문에 승진하는 것이다.

○

태평양화학에서 일할 때 전속 성우가 갑자기 일을 그만둬서 새로운 성우를 찾고 있었다. 동아방송에 가서 녹음을 했기 때문에 그곳 PD에게 성우를 추천해 달라고 했다. 그런데 처음 가서 보니 추천해 준 성우가 그다지 출중하지 않았다. 도저히 안 되겠다 싶어서 그냥 사무실로 돌아왔다. 레몬 화장품 광고였다. 그런데 얼마 지나지 않아 담당 PD가 녹음된 테이프를 가져다주었다. 같은 사람인가 싶을 정도로 무척 좋았고, 결국 그 성우는 전속 성우가 되었다. 성우 권희덕의 이력은 그렇게 시작되었다.

시간이 지난 뒤에 담당 PD에게 왜 그 성우를 그렇게 적극적으로 밀어 주었는지 물어보자 "남이 하지 않는 일도 열심히 하기 때문"이라는 답변이 돌아왔다. 모든 일에 헌신적이기 때문에 돕고 싶은 마음이 들었다는 것이다. 보이지 않을 것 같지만 최선을 다하는 모습은 사람들 눈에도 보인다. 하물며 하나님 눈에는 어떠할까? 성경에 그 대표적인 본보기가 있다. 바로 요셉!

상사의 말에
휘둘리지 않는 법

오스 기니스는 여러 저서에서 "유일한 청중"이라는 단어를 자주 사용한다. 우리가 시선을 고정시켜야 하는 청중은 한 분이라는 것이다. 자꾸만 옆 사람의 말, 상사의 칭찬, 혹은 꾸지람에 신경 쓰면 마음이 평탄할 수 없다. 우리가 궁극적으로 받아야 할 평가는 주님의 평가다. 그분 앞에 섰을 때 주님께서 "잘했다"라고 칭찬해 주시면 충분하다. 이것을 늘 가슴에 새겨야 한다. 단 하나의 청중인 주님께 초점을 맞추는 것, 이것이 상사의 말에 휘둘리지 않는 첫 번째 방법이다.

두 번째 방법은 모든 것에 있어서 나보다 다른 사람이 칭찬받는 게 좋다고 생각하는 것이다. 그렇게 마음먹으면 서운한 감정에 휘둘리지 않고 기뻐할 일이 더 많아진다.

회의에 들어가서 어떤 직원을 칭찬하면, 누군가는 그것을 기뻐하고 누군가는 입을 비쭉거린다. 대표가 되고 보니 그게 보인다. 앞에서도 이야기했지만 하나님께서 일을 만드신 이유는 '당신for you'에 있다. 하나님의 사람들은 조금 손해 보더라도 솔선해서 '당신'을 선택해야 한다. 물론 인격적 수양이 필요하다. 처음엔 쉽지 않지만 연습을 계속하면 정말로 다른 사람이 잘되는 게 기뻐진다. 왜냐하면 하나님께서 우리를 그렇게 만드셨기 때문이다. 살다 보면 나를 위한 일과 남을 위한 일 사이에서 고민할 때가 찾아온다. 그때 '나for me'를 택하면 잘못되는 경우가 종종 있다. 그러나 '당신'을 택하면 대개 실수하지 않는다.

유일한 청중이신 주님께
초점을 맞추는 것.

이직의
적정한 시기

광고회사 웰콤을 창업하게 된 거창한 배경을 기대하는 질문을
종종 받는다. 그러나 사실 특별한 이유는 없었다. 다니던 회사
의 국장이 되었는데, 당시에는 국장이 되면 실질적인 업무가
아닌 도장 찍는 일을 주로 했다. 누군가 가져온 서류를 잘했나
못했나 확인하고 결재하는 업무였다. 곰곰이 생각해 보니, 결
재하는 일은 내게 맞지 않았다. 그래서 창의적인 일을 계속하
기 위해 독립해서 프리랜서 카피라이터가 되기로 했다.

나와 함께 웰콤을 창업한 파트너 역시 당시에 국장이었다.
그런데 자신의 의자가 삐거덕삐거덕해도 회사에서 의자를 바
꿔 주지 않자, 자신의 미래가 꼭 그 고장 난 의자인 것만 같아
서 독립을 결심했다고 했다. 어쩌다 보니 둘이 비슷한 시기에

회사를 그만두게 되었고, 임대한 사무실을 나누어 쓰며 각자 일하다가 파트너의 권유로 함께 웰콤을 창업하게 되었다.

우연히 창업을 결심했지만, 시작하고부터는 적극적으로 회사를 회사답게 꾸리기 위해 노력했다. 파트너의 의견에 따라 우리는 먼저, 실패한 사례들을 찾아보며 교훈을 삼았다. 큰 규모의 광고주와 일하면 그 광고주의 일이 끊길 경우 회사가 휘청거릴 수 있기 때문에 규모에 맞는 광고만 맡기로 했다. 또한 아는 사람에게 광고를 달라고 쫓아다니지 않을 것, 광고 제작비를 깎아 달라고 하는 광고주는 받지 않을 것(광고의 질이 떨어지니까), 6개월 동안 직원들이 아무런 일을 안 해도 유지될 수 있을 정도로 재정을 비축할 것 등의 원칙을 세우고, 그것을 지켰다. 하나의 광고를 잘 만들자 여러 광고주가 찾아왔기 때문에 역으로 광고주를 선택해서 일할 수 있었다.

○

이직이나 창업을 고민할 때 많은 그리스도인들이 "하나님의 뜻을 알고 싶어요"라고 이야기한다. 하나님의 뜻을 구하기 위해서 기도한다고 말하고, 하나님의 뜻이 어디에 있는지 모르겠다며 답답해한다.

제임스 패커는『하나님의 인도』라는 책에서 그리스도인들

이 말하는 '하나님의 뜻'이라는 개념 속에 자신의 '의지'가 너무 많이 반영되어 있다고 지적한다. 그러면서 실제로 주님은 굉장히 상식적인 분이라고 설명한다. 그 책이 100퍼센트 정답이라고 생각하지는 않지만, 첫째로 내가 주님의 말씀 안에 거하고 있으면 그 말씀이 나를 인도하고, 둘째로 조언과 상식을 통해 하나님의 뜻을 알 수 있다는 저자의 주장은 타당하다. 조언과 상식 역시 하나님의 인도하심 아래 있기 때문이다. 기드온의 양털 같은 일만 기대해서는 안 된다. 물론 초자연적인 일이 일어날 수도 있지만, 그것에 기대서 초자연적인 응답만을 구하는 것은 비상식적인 일이다. 심지어 하나님의 의도를 잘못 해석할 위험마저 있다.

하나님의 뜻은 우선 하나님의 말씀 속에서 찾아야 한다. 그 다음에는 자신이 무엇을 제일 잘하는지, 무엇을 할 때 가장 즐거운지를 되짚어 보며 이직의 시기와 방향을 판단해야 한다. 나를 잘 알고 있는 친구와 이야기해 보거나, 믿을 수 있는 선배에게 구체적인 상황을 설명하고 조언을 구하는 것도 좋은 방법이다. 또한 옮기려는 회사에 대해 정확히 알아보는 것도 중요하다. 이런 방법들은 굉장히 상식적인 것인데, 이처럼 상식적인 것 역시 하나님의 인도하심일 수 있다.

인간관계의
어려움

회사에 다니다 보면 상사가 부당하게 대우할 때도 있고, 누군가 나를 험담할 때도 있고, 일은 내가 다 했는데 남이 공로를 가로챌 때도 있고, 심지어 동료들이 작당해서 나를 골탕 먹일 때도 있다. 사실 이 모든 것은 갈등이다. 어떻게 하면 얽히고설킨 갈등의 매듭을 풀 수 있을까?

일을 굉장히 잘하는 친구가 있었다. 회사의 기대치가 100퍼센트라고 했을 때 그 친구는, 놀랍게도 400퍼센트까지 성과를 냈다. 그런데 본사에서 부당한 평가를 받자 무척 괴로워하며 내게 고민을 털어놓았다.

친구를 위해 기도했다. 그리고 기도하던 중에 주님께서 우리가 평소 너무 옆만 보고 있다는 사실을 깨닫게 해주셨다. 생각해 보니 정말 옆에서만 상황을 보고 있었다. 하나님께서는 우리가 그분의 시선으로 위에서 아래를 향하여 내려다보기 원하셨다. 주님의 마음으로 갈등의 대상을 바라보라고 하셨다. 그러자 갑자기 '그 작당하는 사람들을 주님께서 어떻게 보실까?'라는 생각이 들었다. 또 '함부로 말하는 상사를 주님께서 어떻게 보실까?'라는 생각도 스쳐 갔다. 주님의 마음에는 안타까움이 가득했다. 기도하며 깨닫게 된 주님의 마음을 친구에게 고스란히 전했다. 친구는 조용히 나의 말을 받아들였다. 그리고 얼마 후 나를 찾아와 이렇게 고백했다. "그들을 향한 주님의 마음이 너무 아프게 느껴졌다"라고. 그들은 하나님을 모르는 죄인이라는 것, 자신 역시 하나님을 조금 일찍 알았을 뿐 그들과 똑같은 죄인이라는 깨달음이 친구의 마음 깊은 곳을 두드린 것이다.

○

여전히 동일한 문제로 많은 사람이 상담을 요청해 온다. 그러면 갈등을 겪고 있는 상대방을 위해서 일주일만 기도를 해보고 나에게 오라고 권유한다. "아마도 지금 하나님께서 바로 그 사람에게 관심이 있는 것 같아요. 그러니 그를 위해 일주일간 기도해 보고, 다시 저를 찾아오세요"라고 답한다.

싱겁게 들릴 수도 있지만, 대부분 다시 내게 왔을 때 상대방의 태도가 바뀌었다고 고백한다. 물론 자신의 마음 또한 기도하는 가운데 주님 안에서 부드러워진 것일 수도 있다.

"너희를 저주하는 자를 위하여 축복하며 너희를 모욕하는 자를 위하여 기도하라"(눅 6:28)는 말씀이 있다. 대화로 풀 엄두조차 나지 않는 갈등 속에 있는 경우 말씀으로 대적하며, 상황을 해결하는 것 외에는 달리 방법이 없다. 옆을 보면 누구나 똑같다. 나 역시 때로 누군가가 밉다. 누군가가 싫다. 만나기조차 싫을 때도 있다. 그러나 하나님의 마음을 생각하면서 위에서 아래로 내려다보려고 시도하면 정말로 안타까운 마음이 생긴다. 그 사람 안에 사랑의 빛이 스며들도록 기도하다 보면, 자연스레 내 마음도 부드러워진다.

폭언과

괴롭힘에 시달릴 때

수틀리면 뭔가를 던지는 상사가 있었다. 그래서 어떤 동료는 출근하면 그 상사가 오기 전에 오늘은 어디서 물건이 날아올까를 고려해 책상의 각도를 이쪽저쪽으로 옮겼다. 폭언을 일삼는 사람도 많이 보았다. 지금 생각해 보면 그 사람에게 직언을 하지 못했던 게 가슴 아프다. 그땐 몰랐다. 그저 그 사람의 몫이라고 생각했다.

　게다가 광고회사에 다니다 보니, 상사뿐 아니라 광고주의 막말에도 시달려야 했다. "머리가 나쁘면 모자를 써야지"라는 막말은 댈 것도 아닌 거침없는 폭언으로 동료들을 괴롭히던 광고주가 수도 없이 많았다. 그래서 회사를 직접 운영하기 시작하면서 적어도 광고주가 우리 직원들에게 모욕감을 주면 그 광고주와 일하지 않겠다고 마음을 먹었다.

○

직원들을 무척 어렵게 하는 광고주가 있었다. 수십억이 왔다 갔다 하는 중요한 프로젝트의 담당 차장이었다. 그러나 더 이상 직원들이 괴로워하는 것을 볼 수가 없었기 때문에 일을 정리해야겠다고 생각했고, 이를 위해 담당 차장을 만나러 가는 길이었다.

"하나님, 어떻게 말하면 좋을까요?"

그런데 기도를 하자 복음을 전하라는 마음을 주셨다. 전혀 생각해 보지도 않았던 일이었다.

○

이탈리안 레스토랑에서 나와 마주 앉은 담당 차장은 인상마저 조금 험악했다. 그래도 주님께 순종하기로 했다. 나는 내가 어떻게 예수를 믿게 되었는지, 지금 어떤 상태인지를 비롯한 나의 이야기를 진솔하게 전했다. 그러자 놀라운 일이 벌어졌다. 그가 울기 시작한 것이다. 그는 눈물을 쏟으면서 자신의 이야기를 나누어 주었다. 가정에 어려움이 많은 사람이었다. 마음에 분노가 가득 차 있다 보니, 그 분노가 자연히 밖으로 표출되는 듯했다. 그래서 난폭한 언행을 일삼았던 것이다. 그렇게 단둘이 세 시간이 넘게 깊은 대화를 나누었다.

결국 그날 나는 일을 정리하겠다는 말도 못 하고 그와 헤어졌다. 그런데 다음 날부터 더욱 놀라운 일이 벌어졌다. 복음이 들어가서였는지 다른 이유 때문이었는지는 지금도 알 수 없지만, 어쨌든 그의 태도가 180도 달라진 것이다. 담당 차장은 그 이후로 직원들에게 굉장히 친절한 태도로 일관했다.

○

많은 경우 누군가 화를 잘 내거나 난폭하게 행동할 때는 그 안에 감추어진 이야기가 있는 것 같다. 그리고 그 감추어진 이야기를 어떻게 끄집어낼 것인가, 얼마만큼 가깝게 진정으로 그 사람을 생각해 줄 것인가는 주님을 믿는 우리 모두의 몫이다.

세상에는 자신을 진정으로 보듬어 주거나, 자신의 아픈 속내를 들어 주는 이가 단 한 사람도 존재하지 않는 상황에서 살아가는 사람들이 수없이 많다. 그러므로 참기 어려운 순간일지라도 인내심을 가지고, 주님을 의지하면서 그런 경우들을 헤쳐 나가는 것은 소중한 일이다. 한 영혼을 주님께로 인도하는 지름길이 될 수도 있다.

거절하지 않고
무조건 양보하기?

대개 거절해야 할 것도 거절하지 못하는 이유는 사람들의 시선 때문이다. 그리고 '착한 사람 콤플렉스'를 앓고 있는 궁극적인 이유는 두려움이다. 다른 사람이 자신을 나쁘게 생각할까 봐 염려하는 두려움이 내면에 뿌리 깊이 자리 잡고 있기 때문에 현명한 선택을 하지 못하고, 남을 따라가는 것이다. 그러나 그것은 하나님의 방법이 아니다. 그리스도인 역시 솔직하게 자신의 생각을 표현해야 한다. 맞는 것은 맞고, 아닌 것은 아니다. "No"라고 이야기할 줄 아는 그리스도인이 되어야 한다. 다만 거절할 때 지혜로운 방법으로 거절하는 것은 중요하다.

예전에는 누가 만나 달라고 하면 한밤중이라도 나가서 그 사람의 말을 들어 주고는 했다. 무척 피곤한데도 말이다. 그러나 지금은 그런 경우 만남을 현명한 방법으로 대체하려고 노력한다. 또한 상대방의 마음이 상하지 않도록 잘 거절하는 지혜를 간구한다. 상대방을 위해, 나를 위해 거절해야 할 때도 있다는 사실을 깨달아 가고 있다.

○

거절하는 것이 어려운 사람에게도 "유일한 청중"이라는 개념은 꼭 필요하다. 앞에서 이야기했듯이 우리의 청중은 한 분밖에 없다. 우리는 유일한 청중이신 주님께만 집중해야 한다. 다른 사람들의 시선에 너무 민감할 필요는 없다. 주위 사람들이 뭐라고 이야기하는가에 내 귀를 너무 많이 열어 두면 힘들어진다. 시선이 분산되면 주변에 휩쓸려서 정작 가야 할 방향을 잃어버리게 된다.

물론 주변 사람들을 외면하라는 말은 아니다. 마지막 때에 "잘하였도다 착하고 충성된 종아"라는 말을 들어야 할 존재가 주님 한 분뿐이라는 사실을 정확히 알고 있어야 한다는 의미다. 늘 그분께 집중하고 있어야 한다.

부도덕한, 비성경적인
업무 앞에서

예전에는 인식하지 못했다. 아무 생각 없이 부도덕한, 또는 성경적이지 않은 업무를 했던 것 같다. 모두들 통념적으로 그렇게 하니까 아무런 의심 없이 받아들였다.

예를 들어 광고주가 "몇 명의 직원들이 이 프로젝트에 참여하나요?"라고 물었을 때 다섯 명이라고 대답했다면, 실제로 그 일을 하기 위해 세 명의 인력만 투입되었다고 하더라도 다섯 명의 이름을 모두 보고했다. 이것은 엄연한 거짓말이다. 그러나 이런 것에 대해 양심의 가책조차 느끼지 못했다. 나도 모르게 진실이 아닌 거짓을 행했다.

○

매 순간 철저히 진실하게 살기 위해서는 말씀이 내 안에 녹아들어 있어야 한다. 어떤 상황이 닥쳤을 때 말씀이 어디선가 갑자기 나타나서 답을 알려 주는 것이 아니다. 주님께서 말씀하신 진리가 내 몸과 마음속에 온전히 스며들어 있을 때 참을 참으로, 거짓을 거짓으로 볼 수 있는 것이다. 또한 잘못된 상황에 놓였을 때는 그 자리에서 내 판단으로 어떻게 행동할지 즉시 결정하기보다 한 발 물러서서 주님께 어떻게 해야 할지 여쭤 보아야 한다.

주님의 뜻을 따르기 위해 회사를 그만두는 일이 생길 수도 있고, 목숨을 내놓아야 할 일이 생길 수도 있다. 그럼에도 불구하고 그리스도인은 성경에 입각한 바른 잣대를 통해 행동해야 한다. 주님의 편에 서서, 주님의 도움을 받아야 한다.

어떤 불의에 대해서는 절대로 용납하지 않아야 한다. 그리스도인이라면 죽으면 죽으리라는 각오도 해야 한다. 목구멍이 포도청이라는 말로 스스로를 타이르고 싶을 때도 있고, 앞이 캄캄한 상황에 처할 수도 있다. 하지만 그런 두려움은 하나님께서 절대적인 분이심을 의지하지 않는 불신에서 기인하는 것이다. 하나님께서는 진실함을 중요하게 여기신다. 따라서 우리도 그것을 중요하게 여겨야 한다. 주님의 뜻에 순종해야 한다.

아직
방황하고 있다면

나를 찾는 시간은
아무리 늦어도 늦은 것이 아니다.

시간을 들여 생각해 보지 않으면
나를 제대로 알지 못하면

결국
남에 의해서 끌려다니는
인생이 되고 만다.

첫
걸음

1975년 무렵에는 여자가 선택할 수 있는 직업의 폭이 좁았다. 신문방송학과에 재학 중이었는데, 4학년 때까지 광고에 대해서 배운 적이 없었다. 광고가 학문이라고 생각해 본 적도 없었던 시절이었다. 그런데 졸업 직전인 4학년 2학기 때 특별 초빙된 어떤 선생님의 수업이 개설되었다. 그 선생님이 신인섭이라는 원로 광고인이었다. 덕분에 졸업 전 한 과목의 광고 수업을 듣게 되었다. 그렇게 광고와의 인연이 시작되었다.

아나운서 시험에서 떨어지고, 신문사 시험에서 또 떨어진 나는 굉장히 낙담해 있는 상태였다. 떨어지는 것도 익숙하지 않앉고, 집안 형편이 넉넉한 것도 아니라 어떻게 해서든지 취직을 해야 한다는 부담감으로 마음이 편치 않았다. 그런데 그해 처음으로 제일기획에서 과 사무실 게시판에 방을 붙였다. 지금과 같은 인터넷 시대가 아니라 채용 공고가 나면 학교에 방을 붙이던 시대였다. 제일기획의 공채 1기였다. 남자는 일곱 명을 뽑았고, 여자는 단 한 명을 뽑았다. 나중에 보니 여자의 경우 경쟁률이 거의 800대 1이었다. 이제 와 생각해 보면 모두 주님의 은혜였다.

시험을 보러 가기 전날, 시험에 대비하려고 상식책을 봤는데, 그다음 날 내가 본 상식책에서 시험 문제가 다 나왔다. 덕분에 상식 과목에서 만점을 받았다. 또 글을 쓰는 문제가 있었는데, 그중 하나가 부모님께 드리는 편지였다. 취직이 간절한 만큼 그 절실함이 잘 반영되었던 탓인지 면접을 볼 때 대표이사로부터 그 편지를 하도 잘 써서 나를 뽑았다는 이야기를 들었다. 그리고 얼마 후 난생처음 출근을 했다.

○

카피라이터로서의 인생이 나를 찾아왔다. 하지만 그때는 솔직히 카피라이터가 뭔지도 잘 몰랐다. 회사에 가 보니 카피라이터실이 따로 있었고, 여섯 명 정도의 직원이 속해 있었다. 막

내라서 전화를 주로 받았는데, 대개 "거기가 복사실이에요?"라고 묻는 전화였다. 그 정도로 '카피'라이터가 생소했던 시기였다.

○

회사에 들어가서 처음 참여한 프로젝트는 세탁기와 '밤초코'라는 아이스크림 광고였다. 세탁기 이름을 지어 오라고 했는데, 내가 너무 웃긴 이름을 지어서 사람들이 모두 크게 웃었던 기억이 난다. "빨아라 세탁기"라고. 한편 '밤초코' 광고는 내가 회사에서 처음으로 인정받게 된 계기가 되었다.

어떻게 하면 좋을지 고민하다가 당시 고등학생이었던 동생의 친구들을 회사로 불렀다. 그러고는 아이스크림을 직접 먹어 보도록 한 뒤 무슨 생각이 나는지, 맛이 어떤지 등을 묻고 조사해서 카피를 작성했다. 정확히 떠오르지는 않지만 "나 좋고 밤초코"와 비슷한 문구였다. 지금으로 말하자면, FGI^{Focus Group Interview}와 같은 소비자 조사를 한 셈인데, 당시에는 약간 획기적인 방법이었다. 아무도 알려 주지 않았지만, 신입사원이 소비자들을 불러 모아 직접 이야기 들을 생각을 했다는 게 지금 생각해도 재미있다. 그 사건이 내게는 광고에 흥미를 붙이기 시작한 첫 단추였다.

진짜
나를 찾아서

꿈을 찾아 헤매고 있거나 진로를 고민하고 있다면, 무엇보다 진짜 나를 찾기 위한 경험이 필요하다. 그 경험은 남이 따는 자격증을 따거나 남이 밟는 그럴듯한 과정을 따라 밟는 것과는 다르다.

　단지 돈을 벌기 위한 목적을 넘어서서 다양한 경험을 통해 자신이 진짜 좋아하는 분야가 뭔지 구체적으로 알고, 또 찾는 것이 중요하다. 예를 들어 카페에 가서 일을 해보면, 자신이 사교적인 사람인지 아닌지 알 수 있다. 많은 사람을 만나며 일하는 것을 좋아하는 사람인지 그렇지 않은 사람인지, 혹은 격렬한 일을 좋아하는지 잔일을 좋아하는지 확인할 수 있다. 여행을 가는 것도 좋다. 여행을 하면서 스스로에게 집중하면 순간순간 자신의 성향이 어떠한지 파악할 수 있다. 그런 자기 발견을 바탕으로 자신이 즐거워하는 방면에서 직업을 선택해야 한다.

○

굉장히 내성적이라서 여러 사람을 만나는 게 피곤하고 힘든 누군가가 사람을 많이 만나야 하는 보험회사에서 일하고 있다면, 아무리 그의 신앙심이 깊어도 그 일이 힘들고 어려울 수밖에 없다. 본성을 거스르는 직업을 갖고 있기 때문이다. 그런데 그가 주변을 둘러보면서 '왜 나만 이렇게 힘들어하지? 왜 나는 사람들과 잘 어울리지 못하지?'라고 생각하며 계속 자책하고 괴로워한다면, 얼마나 안타까운 일일까? 만약 그가 자신을 바로 알고, 주로 혼자 할 수 있는 일을 찾아서 택했더라면 훨씬 더 행복하게 살 수 있지 않았을까?

그러나 진짜 나를 찾는 시간은 아무리 늦어도 늦은 것이 아니다. 지금이라도 하나님 앞에 바로 서서 내가 언제 즐거운지, 언제 내 심장이 뛰는지 발견해야 한다.

○

겸임교수를 한 적이 있는데, 그때 '크리에이티브'에 대해 가르쳤다. 크리에이티브의 핵심은 "너 자신을 알라"이다. 나를 모르면 나로부터 한 걸음도 더 나아갈 수 없고, 결국 창조적일 수 없기 때문이다.

처음에는 학생들에게 집에서 시작해 버스 정류장이나 전철역까지 가는 길에 뭐가 있는지 써 보라는 과제를 낸다. 단, 하나도 빠짐없이. 그러면 몇십 년을 오가면서도 보지 못했던 것들이 참 많았다는 사실을 깨닫는다. 관찰력을 높이는 것은 중요하다. 그것은 자신에 대한 관찰일 수도 있고, 남에 대한 관찰일 수도 있다.

그다음에는 자신을 음악으로, 시로, 영화로, 책의 표지로, 소설 속 주인공으로 표현해 보게 한다. 그러면 관찰력과 함께 점점 표현력이 커져 간다. 레게 음악으로 자신을 표현하는 학생도 있었다. 그런 과정을 거치며 진솔하게 자신에 대한 이야기를 나누고, 점차적으로 진짜 자신을 발견해 간다.

그리고 마지막 수업 시간에는 자기 자신을 만들어 오라는 과제를 내는데, 그러면 학기 초에 "리포트는 몇 장 써 와요?"라고 물어보던 학생들이 콜라주로, 인형으로, 별별 것으로 자신을 표현해서 가지고 온다. 내가 누구인지를 알기 시작하면, 아는 것에서 '나는 무엇을 해야 할까?'의 단계로 나아간다.

많은 사람들이 스펙 쌓기에 몰두하느라 자신이 정말 좋아하는 일을 찾지 못하는 것 같아 안타깝다. 그러나 하나님께서는 우리 모두에게 개성을 주셨다. 그러므로 결국 하나님께서 각자에게 주신 형상대로 살아가는 것이 가장 잘 사는 것이다. 그럴 듯한 무언가가 되는 것이 잘 사는 게 아니라.

○

"사람이 마음으로 자기의 길을 계획할지라도 그의 걸음을 인도하시는 이는 여호와시니라"(잠 16:9)는 말씀처럼 하나님께서 정말 인도하신다. 대신 우리는 반응을 해야 한다.

그러나 많은 경우 욕심 때문에 반응하기가 어렵다. '세상에서는 이런 직업이 좋은 대우를 받는구나, 사람들은 저런 직업을 좋아하는구나'라고 의식하면서 자신과 상관없는 다른 것을 보고, 그것에 반응한다. "공무원이 되면 좋겠어, 교사가 되면 좋겠어"라는 식으로 직업만 볼 뿐 나를 진짜 춤추게 하는 것, 나를 뛰게 하는 것, 내가 잘할 수 있는 것은 보지 않는다.

보려고 하지 않기 때문에 찾지 못하는 것이다. 스스로를 진솔하게 돌아볼 때, 경험을 통해서 자신을 알아 갈 때 답이 보이기 시작한다. 하나님께서는 우리 각자를 아주 독특하게 만드셨다. 그리고 우리에게 주어진 것을 최대치로 만들 수 있는 능력도 주셨다. 그 사실을 잊어버린 인생은 서글프다. 하나님께서 원치 않으시는 인생을 살아가기 때문이다.

현실의

벽

마침내 하고 싶은 일을 찾았지만 곧 현실의 벽에 부딪힐 수도 있다. 그러나 이 이야기를 꼭 해주고 싶다. 현실의 벽은 언제나 부딪힌다. 안 부딪히는 적이 없다. 대신 그 벽은 언제나 뚫고 나갈 수 있다. 뚫지 못한다고 생각하기 때문에 뚫지 못하는 것 뿐이다. 그 벽에 다가서기도 전에 중간에서부터 멈추어 서기 때문에 넘어설 수 없는 것이다. 너무 빨리 좌절해 버리면 아무 것도 할 수 없다.

너무 빨리 좌절해 버리면

아무것도 할 수 없다.

데스티니

파인더

자신이 발견한 '나'가 진짜인지, 혹시 진짜가 아닌 것을 진짜라고 착각하고 있지는 않은지 주의해야 한다. 보다 명확한 답을 찾기 위해서는 솔직하게 자신을 살피고, 이를 꼼꼼하게 적어 보는 과정이 필요하다.

만약 요리하는 것을 좋아한다면 무슨 요리를 좋아하는지, 구체적으로 어떤 요리를, 어떤 방법으로, 얼마나 자주 만드는지 스스로를 계속해서 관찰해야 한다. 또는 언제 기분이 나쁜지, 어떤 경우에 불쾌감을 느끼는지, 어떤 사람을 만나면 힘을 얻는지, 혹은 기운이 빠지는지 등등 나를 아는 것에 실제적인 노력을 기울여야 한다.

◯

특히 자신의 약함이 무엇인지를 아는 것은 굉장히 중요하다. 성격에 약함이 있을 수도 있다. 아킬레스건처럼 무슨 말을 하면 발끈하게 되는 약함이 있을 수도 있다. 오랫동안 앉아 있는 것을 못할 수도 있고, 건강상의 약함도 있을 수 있고, 공부를 조금 못할 수도 있다. 그리고 그 약함 가운데는 극복할 수 있는 것도 있지만, 극복할 수 없는 것, 즉 인정해야 하는 것도 있다.

◯

데스티니 파인더Destiny Finder는 자신을 좀 더 분명히 살펴볼 수 있는 방법이다. 원래 미국 뉴송처치의 데이브 기븐스 목사님이 함께 사역하는 리더들을 이해하기 위해서 개발한 테스트다. 크게 세 가지 질문을 바탕으로 작성한다.

첫 번째 질문은 "아홉 살 때의 모습을 그려 보라"이다. 하얀 종이 위에 집을 그리고, 그 집 안을 가족의 모습으로 채우면 된다. 집 그림이 아닌, 집 안에 그려진 그림이 중요하다. 아홉 살은 본인 의지로 삶을 바꿀 수 없는 마지막 시기라고 할 수 있다. 가족에 의해서 이루어지는 인생이고, 하나님께서 주신 인생이다. 이 그림을 통해 부모와 잘 지냈는지, 어떤 아픔이 있었는지, 관계를 어떻게 맺기 시작했는지 등을 확인할 수 있다.

가장 가슴 아팠던 그림은 어느 배우의 그림이었다. 그녀는 하얀 여백 끝에 자신을 홀로 그려 놓았다. 어떤 일이 있었는지 물어보니, 아홉 살 때 교통사고가 나서 부모님이 모두 돌아가셨다고 했다. 오빠와 그녀, 둘만 남았는데, 친척들이 재산을 빼앗기 위해서 오빠는 정신병원에 보내고, 그녀 역시 정신병원에 보내려 하는 것을 이모가 자신만 겨우 집으로 데려왔다고 했다. 그래서 항상 혼자 있었다고. 그러나 그녀는 약함을 이해하고 받아들일 경우 그 약함이 얼마나 아름답게 쓰일 수 있는지를 삶으로 보여주고 있었다. 그녀는 자신이 겪은 아픔을 통해 다른 사람의 아픔을 깊이 공감하고, 항상 다른 사람을 위해서 어떤 일을 할까 생각하는 그리스도인이었다.

두 번째 질문은 "한 줄의 선 위에 '0'세부터 지금까지의 인생을 그래프로 그려 보라"이다. 학교에 입학할 때 좋았다든지, 누군가와 헤어질 때 너무 슬펐다든지, 생각나는 대로 그래프를 그려 보는 작업이다. 그러고 나면 자신이 관계 중심적인 사람인지, 혹은 사건 중심적인 사람인지 알 수 있다.

세 번째 질문은 네 가지 질문으로 나뉜다. "나에게 힘을 주는 사람, 나의 힘을 빼는 사람, 나에게 힘을 주는 일들, 나의 힘을 빼는 일들"과 같이 네 개의 칸에 각각의 답을 써 내려가면 된다.

○

시간을 들여 생각해 보지 않으면, 그래서 나를 제대로 알지 못
하면, 결국 남에 의해서 끌려다니는 인생이 되고 만다. 가장 불
행한 것은 그렇게 되면 하나님께서 창조하신 대로 살아갈 수
없다는 사실이다.

❶

아홉 살 때의 모습을 그려 보기

❷

한 줄의 선 위에 '0'세부터 지금까지의 인생을 그래프로 그려 보기

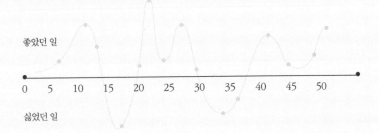

좋았던 일

0   5   10   15   20   25   30   35   40   45   50

싫었던 일

※ 나이(가로)와 기분(세로)을 고려해서 점 찍고 사연 적기
※ 각 점을 선으로 연결해 그래프 완성하기

※ 데이브 기븐스Dave Gibbons의 『XEALOTS』 참고

❸

각각의 질문에 답하기

나에게 힘을 주는 사람	나의 힘을 빼는 사람
•	•
•	•
•	•
•	•
•	•

나에게 힘을 주는 일들	나의 힘을 빼는 일들
•	•
•	•
•	•
•	•
•	•

4
부

일과 가정
사이에서

어떻게 하면 균형을 이루며
모두를 잘 섬길 수 있을까?

워킹맘
일하는 아내

둘째 아들이 아주 어렸을 때 급하게 병원에 데려간 적이 있다. 열이 펄펄 나서 조그마한 팔에 바늘을 꼽고 수액을 맞아야 하는 상황이었다. 그때 아들이 서럽게 훌쩍이며 뱉은 말을 잊을 수가 없다.

"우리 이모가 오면 맞을게요. 흑흑."

맙소사. 엄마인 내가 옆에 있는데, 아들은 자기를 돌봐 주는 이모를 애타게 찾았다.

첫째 딸이 초등학교에 다닐 때 학부모 회의에 참석한 적이 있다. 그런데 그게 처음이자 마지막이었다. 학부모들이 모여서 아이들 공부는 어떻게 시켜야 하고, 선생님한테는 어떻게 해야 하는지 끝도 없는 이야기를 나누는데, 그 기세에 눌려 버렸다. 학부모로서의 세세한 활동이 너무 큰 압박으로 다가와서 그날 이후로 다시는 학교를 가지 않았다. 외면했다는 말이 더 옳다. 당시 나는 토요일도 주말도 없이 일하며 너무 바쁘게 지냈고, 나의 모든 시간과 열정을 가정보다 회사에 쏟아부으며 살았다. 과도하게 간섭하지 않았다는 점에서는 좋게 평가될 수도 있겠지만, 엄마로서 아이들이 자라나는 모습을 많이 보지 못했다는 점은 지금도 안타깝다. 대신 아이들이 필요로 할 때는 어떤 것보다 우선순위를 두어서 하려고 노력했다. 그래서 다행히 우리 딸은 어릴 적에 "우리 엄마는 내가 필요로 하면 어떤 일이 있어도 와요."라고 믿었다. 그럼에도 불구하고 자상한 엄마로서 따뜻한 밥을 지어 먹이고, 아이들의 친구를 만나 주지 못한 것이 지금까지도 미안하다.

○

남편은 내가 일하는 것을 좋아해 주었다. 호기심이 많고 광고에도 관심이 많았기 때문에 퇴근하고 집에서 만나면 내게 이런저런 질문을 했다. 그러나 종로에서 일어난 일을 설명하려면 청량리에서부터 이야기를 시작해야 하는데, 그게 한두 번

반복되다 보니 너무 지쳐서 점점 피곤하다는 핑계로 말을 아끼게 되었다. 당시에는 남편도 나도 성인으로서 각각 독립적인 존재라고 여길 뿐이었는데, 지금 돌이켜 보면 남편이 소외감을 크게 느끼지 않았을까 하는 마음에 생각이 깊어진다.

○

그리스도인으로서 남보다 정직하게, 남을 도우면서 살려고는 노력했지만, 가정이 얼마나 중요한 것인지는 깊게 생각해 보지 못한 채 오랜 세월을 흘려보냈다. 성경에서 이야기하는 가정의 중요성을 제대로 인지하지 못했기 때문에 문제를 끌어안은 채 그것이 문제인지도 몰랐다.

식구들은 서로 간섭하지 않으며 각자 맡은 일을 잘했다. 큰딸, 작은아들은 큰 말썽 일으키지 않으며 열심히 공부해 주었고, 남편도 알아서 자기 일을 잘하는 사람이었다. 그래서 나는 아무런 문제 없이 모두 잘 지낸다고 생각해 왔다. 그러나 미국에서 공부를 마친 아들이 집으로 돌아오면서 모든 것이 달라졌다.

○

하나님께서 기도하던 아들에게 가족의 연합을 위해 집으로 돌아가라는 마음을 주셨고, 아들은 그 말씀에 순종하여 보따리를 싸서 집으로 돌아왔다. 그날부터 모든 것이 밖으로 드러났다. 우리 가족은 난생처음 깨어지는 아픔을 겪어야 했다. 내가 믿고 생각했던 것들이 모두 허상이었다는 것을 깨달았고, 온 가족이 떠안고 있었던 상처와 서로를 향한 속마음이 빛 아래 드러났다. 수면 밑에 가려져 있던 문제점들이 하나하나 부딪히며 물 위로 떠올랐다.

당황한 나는 주님께 "가족의 연합을 위해 보내신 것이 아니라 가족을 깨기 위해 아들을 보내셨습니까?"라고 물었다. 그러나 기도하면 할수록 그간 내가 무엇을 잘못했는지 밝히 보이기 시작했다. 더욱 맑은 물로 변화시키기 위해 태풍을 보내셔서 잔잔했던 물을 뒤흔들고, 그 속에 가라앉아 있던 불순물들을 보게 하신 것 같다는 확신이 들었다.

○

가족이라는 울타리 안에서 각 구성원은 독립적인 개체가 아닌 연합된 존재였다. "잘했어" 또는 "응"과 같은 피상적인 대화만 오가는 관계가 아니라 서로 깊이 이해할 수 있고, 사랑할 수 있고, 아픈 충고를 해줄 수도 있는 특별한 관계였다. 가정이 얼마나 중요한지를 깨닫는 요즘 주님께 반성문을 많이 쓰고 있다.

솔직히 고백하자면 내 인생에서 일은 아주 큰 부분을 차지해왔고, 가족은 거기에 붙은 혹 정도였다. 물론 가정이 중요하다고 생각했지만, 실제로 가족과 함께 시간을 보내거나 열정을 쏟은 정도를 환산하면 부끄럽지만 그것이 사실이다.

가족과

화해하기

아직 딸에 대해 알아 가고 있다. 그간 딸을 잘 알고 있다고 믿었는데, 실제 딸의 속마음은 그것과 많이 달랐다. 딸은 초등학교, 중학교, 고등학교를 다니는 동안 집 밖을 잘 나서지 않고 공부만 하는 아이였다. 남들은 미뤄 놓았다가 한꺼번에 하느라 진땀을 빼는 탐구생활도 미리미리 챙겨서 했다. 그것도 모자라 그 안에 자료를 한가득 붙여서 개학식 때면 뚱뚱해진 탐구생활을 들고 갔다.

한번은 딸이 베트남에 대해 뭔가를 만드는 중이었는데, 방에 가 보니 한쪽 벽이 베트남에 관한 자료로 도배되어 있었다. 그래서 나는 딸이 공부를 굉장히 좋아하고, 독립심이 있고, 누구보다 강한 아이인 줄만 알았다. 심지어 그런 강함 때문에 이기적으로 행동할 수 있다고 생각해서, 딸이 성령의 아홉 가지 열매를 맺게 해달라고 계속 기도했다. 대놓고 "너는 성질이 나쁘니까"라고 말하는 것도 서슴지 않았다.

○

어느새 마흔을 바라보는 딸과 이야기를 나누며, 최근에 와서야 알게 되었다. 딸은 내 생각처럼 강하지만은 않았다. 도리어 마음이 여려서 잘 상처 입었기 때문에 다른 사람이 보면 쌀쌀맞게 행동하는 듯 보였던 것이다.

딸은 엄마가 자신에게 자꾸만 "넌 너무 이기적이야"라고 하니까 자기 스스로도 자신을 자꾸만 그런 사람으로 생각했다는 말도 솔직히 꺼내 놓았다. 그리고 어릴 적부터 친구들보다 너무 많이 누리며 산다는 것 때문에 늘 죄책감에 시달렸다고 했다.

딸과 함께 비전트립을 간 적이 있는데, 딸은 밝고 눈에 띄는 아이보다 소외되어 있거나 아프고 힘든 아이를 더 많이 안아 주고 신경 썼다. 친구를 사귈 때도 마찬가지였다. 그런 이야기를 나누고 가만히 생각해 보니, 내 편견이었다. 딸이 안쓰러웠다. 엄마로서 그 아이의 속마음을 너무 몰라준 것 같아서. 그래서 요즘은 딸을 최우선으로 생각하려고 노력 중이다. 딸에게 연락이 오면 다른 약속이 있어도 가능한 한 취소하고 딸을 만나러 간다. 정작 본인은 모르는 것 같지만.

무엇이
먼저일까

지금도 사회적으로 문제가 되고 있지만, 30, 40년 전에는 더더욱 임신한 여자 직원을 꺼려 했다. 회사에 임신한 모습으로 다니는 것 자체가 좀 미안한 분위기였다. 그래서 배가 많이 불러오기 전까지는 될 수 있는 대로 피해를 주지 않기 위해 임신 사실을 숨기려고 노력했다. 그러다 보니 길을 가다가 토하기도 하고, 말 못 할 어려움을 많이 겪었다.

둘째를 가졌을 때는 일이 특히 많은 때였다. 촬영도 많이 가고, 프레젠테이션 일정도 계속해서 이어졌다. 그러다가 배 속의 아이가 아래쪽으로 내려왔다. 전치태반이었다. 급하게 응급실에 실려 갔는데, 그때부터 한 달간을 꼼짝없이 누워서 지내야 했다. 일어서면 안 되기 때문에 움직이지 못하게 했다. 그

러나 그것도 잠깐 아이를 낳고 열흘 만에 회사에 나가서 프레
젠테이션을 했다. 일과 가정 사이에서 균형을 잡기가 쉽지 않
았다. 매 순간 지혜가 필요했다.

○

유명한 경영학자인 피터 드러커와 상담했던 어느 기업인의 일
화다. 그는 보통 한 번에 두세 시간 동안 상담을 했는데, 피터
와의 대화에 집중하기 위해 어떤 전화이든지 수신을 거부했다
고 한다. 다만 예외가 있었다. 그는 어떠한 상황에서라도 자신
의 아내에게서 오는 전화만은 받았다. 우리나라의 문화에서는
조금 생소하거나 부적절하게 보일 수도 있지만, 나는 그 기업
인의 마음 자세가 귀감이 된다고 생각한다.

일과 가정 사이에서 어떻게 하면 균형을 이루며 모두를 잘
섬길 수 있을까? 어려운 만큼 지혜가 필요하다. 지속적으로 기
도하며 그 지혜를 구해야 한다. 그러나 만약 일 때문에 가정을
깨뜨려야 하는 극한의 상황이 오면, 어렵겠지만 일을 내려놓
으라고 조언하고 싶다.

우선순위에 있어서 그리스도인에게는 가정이 먼저다. 경력
을 쌓기 위해 결혼을 미루기도 하고, 아이를 갖지 않기도 하고,
결혼을 하더라도 회사와 일이 더 중요하다고 생각하는데, 그

렇지 않다.

○

하나님께서는 사람을 만드실 때 아담과 하와를 가장 먼저 창조하셨다. 그들은 가족이었다. 가족은 서로 사랑함으로써 서로에게 하나님 나라를 보여주고 느끼게 하는 매우 중요한 핵이다. 그 핵에서부터 모든 것이 파생되었다.

그러므로 가정은 하나님의 방법대로 이루어 가야 한다. 우리는 주님의 말씀 안에서 삶을 살아 내야 한다. 하나님의 뜻 가운데 바로 선 가정이 교회와 사회로 흘러가고, 국가가 되고, 하나님 나라를 확장하는 데까지 이르러야 한다. 가정이 망가지면 가장 중요한 핵을 잃어버리는 것과 같다.

아이는

꼭 낳아야 할까

속 썩일 때도 있고, 내 마음을 몰라줄 때도 있지만, 잘했다고 한없이 칭찬해 주고 싶고, 아무 말 하지 않아도 그 마음을 알 것 같고, 항상 더 좋은 것을 주고 싶은 존재가 있다. 바로 자녀 다. 동시에 내게 자녀는 기쁜 소식이나 슬픈 소식이나 가장 먼 저 알리고 싶은 사람, 곧 참 좋은 친구다. 이런 생각이 들 때마 다 하나님과 나와의 관계를 떠올리게 된다. 하나님께서는 그 분의 자녀인 나를 어떻게 바라보실까 하고. 나는 딸과 아들 덕 분에 하나님을 더 깊이 알게 되었다.

하나님께서 사람을 창조하신 뒤 "생육하고 번성하여 땅에 충

만하라"(창1:28)고 하셨다. 사람이 사람을 낳는 것은 하나님의 큰 축복이다. 책임을 가지고 돌봐야 하지만, 나를 많이 닮은 존재인 한 생명체가 이 땅에 태어나 하나님의 일을 어떻게 이루어 갈까를 생각해 보면, 엄청나게 기대가 된다.

성경에 보면 "낳고, 낳고, 낳고…"가 반복해서 나온다. 하나님께서 창조하신 세상 속에서 출산은 참 자연스러운 일이다. 물론 90세가 넘어서야 이삭을 낳은 사라나 성경 속의 아기를 못 낳는 다른 여인들처럼 하나님께서 주시지 않으면 어쩔 수 없지만, 잉태할 수 있는 사람이라면, 자녀는 반드시, 가능한 한 많이 낳아야 한다고 생각한다.

고통은 하나님께서 감당할 수 있도록 도우신다. 잘 키울 수 있을까 염려된다면, 경제적으로 걱정된다면, 모두 하나님을 진짜 신뢰하지 않아서다. 자녀는 나에게 소속된 존재가 아니다. 하나님께서 잘 양육하라고 내게 보내셨지만, 결국 자녀와 하나님은 일대일의 관계이다. 그러므로 그 생명을 주님께서 책임지시고 축복하실 것이다. 나는 다만 잘 키울 수 있도록 주님께 지혜를 구하면 된다.

○

지레짐작하여 불가능하다고, 어려울 것 같다고 포기하는 것은 바보 같은 일이다. 물론 양육과 일을 동시에 할 수 없게 될 수도 있다. 한 가지를 포기해야 할지도 모른다. 혹은 두 가지 모두 멋지게 해낼 수 있다는 것을 알게 될지도 모른다. 어느 쪽이든 어려움은 있겠지만, 분명한 것은 나의 생명을 다 바칠 만한 어려움이라는 것이다. 하나의 생명을 태어나게 하고 키우는 것 자체가 엄청난 축복임을 잊지 말아야 한다.

결혼은
꼭 해야 할까

인생에는 하나님께서 주신 자연스러움이 깃들어 있다. 사람은 대개 나이가 들어 성년이 되면 짝을 찾고 싶을 뿐 아니라, 그 짝과 함께 결혼을 이루고, 그 결혼을 통해서 일을 성취하고, 자녀를 낳고, 그러면서 부모의 인생을 이해하고, 하나님을 더욱 깊이 알아 간다. 이처럼 자연스러운 인생의 과정들이 곧 아름다운 가정의 모습이 아닐까?

만약 결혼하지 말아야겠다는 생각이 든다면, 그 이유가 무엇인지를 스스로에게 물어봐야 한다. 그것이 나의 이기적인 생각 때문이라면, 예를 들어 '나는 누군가를 부양하기 싫어, 가정에 소속되는 게 싫어, 내가 굉장히 손해를 보는 것 같아'라는 마음이 고개를 들어서라면, 그 이유를 다시 한 번 점검해 볼 필요가 있다. 그러나 자연스럽게 시간이 흘러갔거나 다른 나라에 가서 하고 싶었던 일을 하다가 때를 놓친 경우라면, 상황에 맞게 하나님의 인도하심을 구하면 된다. 그런 경우 시기가 늦었다는 압박감에 쫓겨서 결혼을 결심할 필요는 없다.

○

팀 켈러 목사님이 나의 비전과 배우자의 비전이 합쳐져서 더 큰 비전을 이루어 가는 것이 결혼 생활이라는 이야기를 했는데, 살아갈수록 그 말에 공감하게 된다. 부부가 힘을 합치면 두 배가 아닌 네 배의 눈덩이가 눈앞에 나타난다.

○

결혼해서 좋은 점도 있었지만, 사실 안 좋은 점도 많았다. 가장 큰 어려움은 많이 참아야 한다는 것, 내 마음대로 할 수 없을 때가 많다는 것이었다. 그러나 세월이 흐르고 보니, 참는 것, 남을 생각하는 것, 나와 다른 것을 견디어 내는 것, 다른 문화 속에서 살아온 사람을 받아들이는 것, 이런 것들을 결혼 생활을 통해 배우지 않았다면, 내가 지금과 같은 모습일 수 없을 것이라는 생각이 든다. 부딪치고 깎인 만큼 성숙할 수 있으니까.

여담이지만, 유명한 화장품회사의 설립자인 에스티 로더는

한 번 이혼했다가 같은 남자와 다시 결혼했다. 그녀는 그 이유를 "밤에 누구에게도 말할 수 없는 비밀을 털어놓던 사람이 남편이었다. 그런데 그런 존재가 사라지니까 정말 힘이 들었다"라고 설명했다. 어떤 이야기를 해도 다른 사람에게 흉보지 않을 사람, 그런 친밀함이 결혼 생활을 통해서만 누릴 수 있는 좋은 점이 아닐까? 결혼은 한쪽은 깎이고, 다른 한쪽은 친밀해지는 과정이다. 그리고 혼자 힘으로는 이룰 수 없는 것을 함께 이루어 내는 축복의 통로다. 주님을 향해 같은 소망을 품고, 같은 푯대를 바라보며 나아가는 왼발과 오른발이다.

5
부

지성은
사랑이 있을 때
빛난다

하나님께서

그를 얼마나 사랑하실까?

나를 포근하게 안아 주셨던
주님의 손길은

사람을 향한 나의 시선을
송두리째 바꿔 놓았다.

중요한 것은
일보다 사랑함이다.

시베리안
허스키

내 별명은 시베리안 허스키다. 하나에 꽂히면 뒤도 옆도 안 보고 앞으로만 달린다고 해서 주위에서 그렇게들 부른다. 그런 내가 컴패션에 꽂혔으니 다른 것들이 보일 리 없었다.

회사에 출근해서도 컴패션에 대한 아이디어가 샘솟았다. 컴패션과 관련한 사람들을 만나면 너무 재미있었다. 그러다 보니 회사 일에는 전보다 소홀하게 되었다. 그래서 몇 년간 일과 봉사를 병행하다가 정직하지 않은 것 같다는 생각이 들어서 결국 일을 그만두었다. 그리고 2006년부터 6, 7년간 컴패션 풀타임 봉사자로 섬기기 시작했다. 모두 합치면 10년 정도 컴패션과 함께 지냈다.

○

풀타임 봉사자란 남들처럼 출근하고 퇴근하지만 무보수로 일하는 것을 의미한다. 그런데 만약 누군가 그때 구체적으로 무슨 일을 했냐고 물어본다면 사실 어마… 어마하지 않은 일을 했다. 대표인 서정인 목사님을 도와서 후원자를 발굴하고, 홍보를 위한 갖가지 아이디어를 냈는데, 그마저도 "네가 했니?"라고 물으면 사실 할 말이 별로 없다. 왜냐하면 아이디어를 내면 다른 사람들이 그 일을 전부 했기 때문이다. 다만 나는 마음에 떠오르는 생각이 있으면 주저하지 않았을 뿐이다.

지금이라면 주저했을 일도 당시에는 서슴없이 한 걸음 앞으로 나아갔다. 그런데 한 발짝만 떼면 그다음에 착착 일이 진행되었다. 미리 계획하지 않아도 언제나 뭔가 일이 일어났다. 아무것도 준비되어 있지 않은 상황이라도 막상 일이 시작되면 이미 계획되어 있었던 것처럼 누군가 나타나서 그 일을 함께 해주었다. 하루하루가 그렇게 행복할 수가 없었다. 그때를 돌아보면 하나님께서 움직이시는 대로 따라갔던 것 같다. 실제적으로 일을 진행했던 사람들 역시 그때그때마다 하나님께서 그 마음을 움직이셔서 그렇게 일할 수 있었던 것 아닐까?

○

컴패션 밴드를 할 때 "매일 아침마다 5분씩 오늘도 한 아이가 결연될 수 있도록 기도하자"라는 말이 나왔다. 배우 차인표의 의견이었다. 그래서 진짜 그렇게 기도하며 하루를 시작했더니, 불과 두 달도 안 되어서 만나는 사람들을 통해 백 명의 아이들이 결연되는 기적을 보았다.

사진전을 열고, 후원자들을 초청해서 "황홀한 고백"이라는 공연을 하고, 결연 아동의 그림으로 컵이나 카드를 만들기도 했다. 일단 생각하고 움직이면 사진가도, 공연기획자도 나타났다. 그런 상황을 목도하는 것 자체가 신나고 즐거웠다.

컴패션을
품다

밥 버포드의 『하프타임』이라는 책을 읽으며 나의 하프타임에
대해 계속해서 기도를 하고 있던 때였다. 딸 덕분에 컴패션을
만나게 된 셈인데, 사실 맨 처음에는 지인의 소개로 컴패션의
서정인 목사님이 먼저 연락을 해왔다. 목사님은 내게 컴패션
홍보를 부탁했다. 하지만 나는 홍보가 광고와는 좀 다르다고
생각했기 때문에 다른 사람을 소개시켜 주고는 그 인연을 잊
고 있었다.

어느 날, 딸의 싸이월드를 우연히 보게 되었다. 싸이월드가 꽤
유행하던 시절이었고, 당시에 딸은 박사 과정을 밟기 위해 홀

로 미국에 머물고 있었다. 그런데 그 사이트에서 무척이나 당혹스러운 상황과 맞닥뜨려야 했다. 그곳에 스스로에 대한 욕이 서슴없이 쓰여 있었다. 나는 너무 놀랐다. 딸에게 무슨 일이 일어난 건 아닌지 걱정부터 앞섰다. 그때 불현듯 서정인 목사님이 떠올랐다. 해외 사역을 위해 외국에 자주 나간다는 것을 알고 있었기 때문에, 딸의 멘토가 되어 달라고 부탁을 드렸다. 감사하게도 목사님은 시카고에 갈 때마다 딸을 공항으로 불러내 이야기를 나누는 등 몇 번의 교제를 이어 갔다. 그러던 중 목사님이 딸에게 엘살바도르 비전트립에 오라는 제안을 했다.

그 당시 딸은 굉장히 힘든 시간을 겪고 있었던 것 같다. 무조건 비전트립에 가겠다고 결심했던 걸 보면. 그러나 학교에서는 장기간의 결석을 결코 허락하지 않았다. 무단 결석 시 제명하겠다고까지 했다. 그럼에도 불구하고 딸은 결심을 돌이키지 않았다.

딸이 짐을 꾸려서 현관문을 딱 나서는데, 엘리베이터 네 대가 모두 고장 나 있었다. 딸의 집은 40층이었다. 하지만 주님의 힘이 그녀를 이끌었는지 딸은 무거운 가방을 들고 그 수많은 계단을 걸어 내려갔고, 마침내 엘살바도르로 향하는 비행

기에 올랐다. 그리고 그곳에서 사람들과 함께 지내며, 그 땅의 아이들을 마음으로 만나며, 진짜 하나님의 사랑을 체험하고 돌아왔다. 다시 태어난 것과 같았다. 딸의 마음이 하나님의 사랑으로 가득 채워진 것이다.

○

딸의 눈에, 서정인 목사님이 한국에 온 지 2년이 채 안 되어서 아는 사람이 별로 없다 보니, 그것이 안타깝게 보였던 것 같다. '우리 엄마는 아는 사람이 많으니까 엄마가 도와주면 좋겠어'라는 생각이 들어 내게 전화를 걸었다고 했다. 딸이 다시 태어났다는 말에, 잊고 있었던 컴패션이 특별하게 여겨졌다. 갑자기 그 단체를 좋아하는 마음이 샘솟았다.

○

처음 서정인 목사님을 만나러 갈 때 가수 션과 당시 카페를 운영하던 친구 다이애나가 동행했다. 둘은 나보다 더 적극적으로 컴패션에 대해 궁금해했다. 션은 많은 구호단체가 '예수의 이름으로'라는 정체성을 주장하다가 조금씩 그 가치를 잃어버리는데, 컴패션은 어떠한지 물어보았다. 또 다이애나는 재정 운용의 투명성에 대해 질문했다. 덕분에 꼭 필요한 답들을 얻

을 수 있었고, 컴패션에 대해 말로 할 수 없는 열정이 솟구침을
느꼈다.

꿈에 그리던

멘토

컴패션은 1952년에 한국에서 시작되었다. 에버렛 스완슨 목
사님이 돌아가실 때까지 13년간 초기의 컴패션을 이끌었다.
나는 그의 이야기가 굉장히 궁금했다. 그런데 아무리 자료를
찾아봐도 별로 남아 있지 않았다. 그러던 중 미국에 있는 딸에
게 갔을 때 마침 서정인 목사님이 콜로라도에 있는 컴패션 본
사에 간다고 해서 함께 그곳을 방문하게 되었다.

본사를 돌아보다가 조그마한 창고를 발견했는데, 문을 열자
리플릿 하나가 기다렸다는 듯이 바닥에 떨어졌다. 자세히 보
니 앞장에 굶주림에 찌든 낯익은 모습의 어린아이 사진이 인
쇄되어 있었다. 추운 겨울이 다가오고 있으니, 한국의 어린이
들을 돕자는 내용이 담긴 1950년대의 홍보 리플릿이었다. 깜

짝 놀라서 창고 안을 들여다보았다. 그토록 찾았던 스완슨 목사님의 자료가 그곳에 다 있었다. 자리를 뜨지 못하고 그 창고 안에 앉아 눈물을 쏟으면서 책자를 비롯한 기록들을 살펴보기 시작했다.

가장 먼저 "나의 사랑하는 딸"이라는 앨범이 눈에 띄었다. 컴패션을 통해 입양한 아이의 사진이 담긴 앨범을 감사의 메시지와 함께 스완슨 목사님에게 보낸 후원자의 선물이었다. 또한 1950년대부터 시작하는 목사님의 일기도 있었다. 그가 돈을 어떻게 썼는지 적혀 있었고, 보육원의 사진들과 수많은 아이들의 이야기가 가득했다. 그가 아이들을 얼마나 사랑했는지 그 절절한 마음이 느껴졌다. 삼척, 부산 등 전국을 돌아다녔는데, 교통편도 제대로 없던 시절에 어떻게 그렇게 돌아다닐 수 있었는지 놀랍기만 했다. 사진과 함께 영화 필름과 영사기도 있었고, 직접 노래를 불러 녹음한 레코드도 있었다.

도저히 안 되겠다 싶어서 자료를 빌려 한국으로 가져왔다. 그리고 돌아와서 모든 일을 내려놓고, 약 2개월 동안 자료만 읽고 또 읽었다. 참 많이 울었다.

◯

자료를 통해 초기에는 '에버렛 스완슨 재단'이었는데, 몇 년

후 기관의 이름을 '컴패션'으로 바꿨다는 사실을 알게 되었다. 임신을 하면 태아와 엄마가 탯줄로 연결되어 있다. 엄마는 아이가 태어날 때까지 자신의 아이를 보호하고 영양분을 공급한다. 그것처럼 한 아이를 끝까지 돌보는 것을 컴패션이라고 한다. 그런 의미를 담고 싶어서 기관명을 컴패션으로 바꾼 것이다.

고아 중에는 아주 어린아이뿐 아니라 조금 나이가 든 아이들도 있었다. 그래서 스완슨 목사님은 그들이 직업을 갖게 해서 직접 생계를 꾸릴 수 있도록 도왔다. 정부와 협의하여 김포에 농장을 만들고, 그 땅을 나누어 주었다. 또한 미국에서 시계를 가져와 시계 고치는 기술을 알려 주기도 했다. 이와 함께 우리나라 전역에 1600개가 넘는 보육원을 만들었다. 자료를 통해 수많은 사연들을 알게 되었다. 지금 하고 있는 대부분의 일들을 그 당시에 이미 하고 있었다. 컴패션 밴드처럼 어린이 합창단이 있었고, 한국의 실상을 담은 「런어웨이」라는 영화를 촬영해서 여러 미국의 교회에서 상영하기도 했다. 홍보 영상이었던 셈이다. 뿐만 아니라 세 명에게 컴패션을 알리고 결연을 추천하면, 고무신처럼 생긴 선물을 주는 프로모션도 했다.

자료를 살펴보면서 스완슨 목사님에게 "당신은 그 짧은 시간 동안 어떻게 이 많은 일들을 다 할 수 있었습니까? 어떻게 이 많은 아이디어를 낼 수 있었습니까?"라고 묻고 싶었다. 그리고 나 또한 그렇게 되고 싶다고 기도했다. 그러자 주님께서는 기도를 통해 '누군가의 필요를 보았을 때 무심코 지나치는 것이 아니라, 그 필요를 충족시킬 수 있는 일을 계속해서 해야 한다'라는 마음을 주셨다. 그래야만 한곳에 머무르지 않고 수많은 일을 할 수 있을 것이라는 생각이 들었다.

○

그 무렵 "하나님, 저도 멘토를 만나게 해주세요"라고 기도하고 있었다. 그런데 스완슨 목사님이 나타났다. 그때부터 그를 멘토로 삼아서 많은 질문을 했다. 무슨 일이 있을 때마다 그의 삶을 기억하며, 어떻게 하면 될지 질문의 답을 찾았다.

스완슨 목사님에 관해 읽었던 글 가운데 죽기 직전 그가 어떤 삶을 살았는지에 대한 일화가 있다. 아프리카에서 얻은 병이 악화되어 병실에 누워 있었는데, 뇌가 굉장히 고통스러운 병이었다. 그런데 그의 병실에 다녀온 간호사마다 이렇게 말했다. "세상에서 이렇게 따뜻한 사람은 본 적이 없어"라고. 그 글을 읽으며, 실제로 본 적은 없지만 스완슨 목사님의 따뜻한 품성이 느껴져서 그가 몹시 그리웠다.

그리워하다 보니 놀랄 만한 사건도 있었다. 2009년에 교통

사고가 나서 다리가 으스러진 적이 있다. 수술을 받기 위해 수술실에 들어가는 순간이었다. 전신마취 직전에 갑자기 환상 중에 스완슨 목사님이 나타났다. 그가 내 머리부터 발끝까지 따뜻하게 안수하며 기도하고 있었다. 그래서 그분의 온유한 미소를 보면서 행복하게 수술실에 들어갈 수 있었다.

○

자료들은 한국 컴패션에서 잘 사용하고 본사로 돌려보냈다. 사실 스완슨 목사님에 대한 기록영화를 만들고 싶었는데, 결국 완성을 못 했다. 그것이 내게는 큰 아쉬움이다. 그러나 한편으로는 주님께서 개인적인 영웅을 원하지 않으셨는지도 모르겠다는 생각이 든다. 어쨌든 나의 멘토, 스완슨 목사님은 예수님을 진실되게 사랑한 사람이었다.

목적이
이끄는 삶

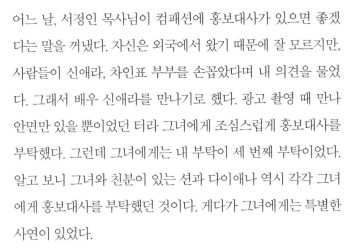

어느 날, 서정인 목사님이 컴패션에 홍보대사가 있으면 좋겠
다는 말을 꺼냈다. 자신은 외국에서 왔기 때문에 잘 모르지만,
사람들이 신애라, 차인표 부부를 손꼽았다며 내 의견을 물었
다. 그래서 배우 신애라를 만나기로 했다. 광고 촬영 때 만나
안면만 있을 뿐이었던 터라 그녀에게 조심스럽게 홍보대사를
부탁했다. 그런데 그녀에게는 내 부탁이 세 번째 부탁이었다.
알고 보니 그녀와 친분이 있는 션과 다이애나 역시 각각 그녀
에게 홍보대사를 부탁했던 것이다. 게다가 그녀에게는 특별한
사연이 있었다.

그녀는 원래 생전 홍보대사 같은 건 생각지 않는데, 당시
어머니가 돌아가시면서 그녀에게 『목적이 이끄는 삶』을 주셨

다고 한다. 그녀는 그 책을 읽다가 문득 '나는 왜, 어떤 목적 때문에 얼굴이 알려지는 직업을 갖게 되었을까?'라는 생각을 하기 시작했다. 그러던 찰나에 컴패션에서 홍보대사로 일해 달라는 부탁을 한 것이다. 심지어 세 차례에 걸쳐서 말이다.

진짜 사랑을
배우다

사실 나는 본래 무척 메마른 사람이다. 심지어 자녀조차 객관적으로 볼 만큼 어찌 보면 좀 쌀쌀맞은 면도 있다. 그런데 컴패션을 통해 주님께서 다른 무엇보다 사랑을 참 많이 알게 하셨다. 눈물도 많아졌고, 진짜 예수님의 마음이 어떤 건지 전보다 깊이 느끼게 되었다. 일이 중요하지만 정말로 중요한 것은 일보다 사랑함이라는 것을 깨닫게 되었다.

컴패션을 만나고부터 일 중심적으로 생각하며 행동하기보다는 관계 중심적으로 생각하기 시작했다. 누군가를 만날 때 '하나님께서 그를 얼마나 사랑하실까? 그에게 얼마나 많은 애정을 쏟고 계실까?'라는 생각을 많이 한다.

○

홍보대사 신애라와 함께 첫 번째 비전트립을 떠나게 되었다. 목적지는 필리핀이었다. 컴패션에서는 섬기려는 지역에 처음 도착하면 아이를 한 명 한 명 안아 준다. 그리고 아이를 안으면서 "나는 너를 사랑해. 하나님께서 너를 너무나 사랑해"라고 이야기해 준다.

우리가 필리핀에 도착해서 첫날 간 지역은 마침 사역을 처음 시작하는 곳이었다. 마을에 들어서자 동네방네 아이들이 다 몰려왔다. 아이 엄마들은 후원자를 찾고 싶어서 눈을 동그랗게 뜨고 우리를 바라봤다.

선생님들이 종이 위에 아이를 누이면 아이를 따라 선을 그어 그림을 그렸다. 그리고 그 그림을 오려서 아이가 들고 있으면 너는 눈이 예뻐, 코가 예뻐, 사랑스러워 등등의 따뜻한 말을 해주었다. 그러고 난 다음에 아이를 한 명씩 안아 주었다.

○

컴패션을 통해 처음 결연한 아이의 이름은 크리스티나였다. 그 아이를 안아 주었을 때, 그 순간, 아직 아이에게 아무런 말도 하지 못했는데, 눈물이 비 오듯 쏟아지기 시작했다. 뜨거운 눈물이 계속해서 내 뺨을 타고 흘렀다. 도저히 멈출 수가 없었다. 가슴 깊은 곳이 뜨겁게 달아올랐다. 그리고 예수님의 음성이 들렸다.

"너를 너무나 사랑한단다. 내가 너를 24시간 이렇게 안고 있단다."

결국 아이에게는 아무런 말도 해주지 못했다. 한참을 울기만 하다가 돌아왔다.

○

그날 밤, 숙소에서 하나님께 기도를 드렸다.

"아버지, 제가 이 일을 하는 것을 허락하신다면, 부디 저를 써 주세요."

한국으로 돌아온 뒤 나의 인생은 눈부신 변화를 겪게 되었다. 크리스티나를 안아 주었을 때 그런 나를 포근하게 안아 주셨던 주님의 손길과 "내가 너를 24시간 이렇게 안고 있단다"라는 주님의 음성은 사람을 향한 나의 시선을 송두리째 뒤바꿔 놓았다. 주변 사람들이 다르게 보였다. 한 사람 한 사람 주님께서 귀하게 여기시고 사랑하시는 자녀라고 생각하니, 나 또한 그들을 사랑으로 대할 수밖에 없었다.

○

크리스티나는 이후 나의 소중한 딸이 되었다. 그리고 3년 정도 지나서 다시 그 동네에 찾아갔을 때 그 아이가 먼저 나를 만나러 와 주었다. 생글생글 웃는 모습이 무척이나 사랑스러웠다.

우리는 반갑게 인사를 나누었다. 자세히 보니 그녀는 노트 한 권을 가슴에 안고 있었는데, 이내 그것을 나에게 건넸다. 컴패션에 들어왔을 때부터 찍었던 사진을 한 장 한 장 붙여 앨범으로 만든 노트였다. 사진을 하나씩 함께 넘기며 크리스티나와 눈을 마주쳤다. 말은 잘 통하지 않았지만 우리는 눈만 봐도 마음이 통했다. 서로에 대한 감사함으로 눈시울이 붉어졌다.

○

특별히 비전트립은 기적이 끊이지 않는 현장이었다. 한번은 헤어디자이너 유다와 동행했다. 아버지가 목사님인데, 어려서 부모님이 다른 사람만 섬기고 정작 아들은 돌보지 않는다고 불평하며 집을 뛰쳐나온 친구였다. 그는 함께 인도에 가서 아이들을 말끔하게 이발해 주기로 했다.

유다가 아이들을 운동장에 줄 맞춰서 쭉 앉혀 놓고, 자신의 가위로 그들의 머리카락을 다듬기 시작했다. 그런데 갑자기 그 비싸고 깨끗한 가위가 때 묻고 더러운 머리카락을 자르고 있다는 사실이 미칠 것처럼 견디기 어렵게 느껴졌다고 한다. 그런 생각이 딱 떠오르자 하나님께서 유다에게 "네가 얼마나 더러운 줄 아니?"라고 물으셨고, 유다는 그 순간 가위를 놓고 엉엉 울었다. 그날로 그의 모든 삶은 변화되었다. 한국에 돌아온 그는 자신의 부모와도 화해했다. 지금은 너무 효자다.

○

학교에서의 프로그램을 끝마치면 아이가 살고 있는 지역으로 가정 방문을 가는데, 참 신기하게도 그곳에서 꼭 연관성이 있는 사람들을 만난다. 한번은 엄마가 네 명인 아이를 데려간 적이 있었다. 우울증이 심한 아이였다. 그런데 아이와 함께 가정 방문을 간 지역에서 만난, 할머니와 함께 살고 있는 소녀 역시 엄마가 네 명이었다. 무척이나 밝고 아름다운 소녀였다. 가난과 불우한 가정 환경에도 불구하고 그 소녀가 놀랍도록 밝게 지내는 모습을 본 아이는 깊은 위안을 얻었고, 그때 아이의 내면에 치유의 역사가 일어났다. 한국에 돌아와서 담당 의사로부터 도대체 무슨 일이 있었던 거냐는 말을 들을 정도로 아이의 마음이 기적처럼 회복되었다.

"너를 너무나 사랑한단다."

"너를 24시간 이렇게 안고 있단다."

맨발의
티기스트

컴패션을 돌아보면 행복했던 순간들이 벚꽃 흩날리는 바람처럼 스쳐 지나간다. 에티오피아에 갔을 때 한 아이가 내 손을 잡고 놓지 않았다. 어딜 가든 손을 잡고 따라다녔다. 아홉 살, 열 살 정도로 보이는 꽤 큰 소녀였다.

처음에는 인식하지 못했는데, 한참 있다가 보니 맨발이었다. 조금 이상했다. 컴패션과 결연하면 신발을 주기 때문이다. 알고 보니 그 아이는 컴패션에 소속된 아이가 아니었다. 그 아이의 엄마가 막 낳은 막냇동생이 컴패션과 결연한 데다가 그 아이는 나이가 많아서 애초에 결연 대상이 아니라고 했다. 이름은 티기스트였다.

○

함께 가정 방문을 갈 때도 그 아이는 여전히 내 손을 꼭 잡고 있었다. 그 가시 많은 길을 맨발로 걸으면서. 마음이 너무 아팠다. 결국 맨발의 티기스트가 눈에 밟혀서 그 아이가 컴패션에 결연할 수 있게 해달라고 서정인 목사님을 졸랐다. 목사님은 예외 상황이기 때문에 주저했다. 하지만 끝내는 프로젝트 대표와의 상의를 통해 허락해 주었고, 그 아이는 나의 사랑스러운 딸이 되었다.

그런데 티기스트에게는 막냇동생이 아닌 바로 밑의 동생이 또 있었다. 누나가 결연 아동이 되자 동생 비루가 목사님에게 무슨 말인가 건넸다. 중요한 말 같은데 알아들을 수가 없었다. 그래서 현지 선생님을 통해 비루에게 다시 이야기를 해달라고 했다. 그런데 막상 선생님 앞에서는 그가 다른 말을 했다. 다행히 목사님이 기억했던 말을 얼버무리며 흉내 냈더니, 선생님이 그 말을 용케 알아들었다. "나도 결연하면 안 될까요?"라는 말이었다. 나는 안타까운 마음에 동생 비루까지 결연을 하기로 했다. 그렇게 두 아이와 특별한 인연을 맺게 되었다.

○

다른 비전트립 현장에서 비슷한 일이 또 있었다. 워낙 긴 가시들이 많은 지역이었기 때문에 신발을 신어도 가시가 파고들어서 신발 속까지 쑥쑥 들어왔다. 그런데 그런 곳을 아이들이 맨발로 다니고 있었다. 게다가 우리가 다칠까 봐 가는 길을 고사리손으로 치워 주기까지 했다. 차인표, 신애라 부부와 동행했을 때였는데, 한 아이가 그 부부의 손을 계속 붙들고 다녔다. 머리가 산발이었고, 티기스트처럼 맨발이었다. 그리고 짐작하는 대로 손을 꼭 잡고 놓지 않던 그 아이는 차인표, 신애라 부부와 결연하게 되었다.

그날 우리는 "아이들처럼 예수님 손을 꼭 붙들고 놓지 않는 게 답이다"라는 이야기를 나누며 숙소로 돌아왔다. 그리고 숙소에 와서 보니, 청소하는 직원 이름이 티기스트였다. 팁을 건넸더니 돌아오는 날까지 매일 내 방에 꽃을 꽂아 주었다. 덕분에 그 이름은 꽃과 함께 다시 한 번 내 마음에 각인되었다. 티기스트는 '인내'라는 뜻이다.

세상에서
가장 향기로운 꽃길

인도에 갔을 때 세상에서 가장 향기로운 꽃을 보았다.

마을에 들어서자 인도 전통의상인 사리를 입은 아이 엄마들이 줄지어 서서 우리를 반겨 주었다. 무척 아름다웠다. 그런데 바닥을 보니 길에다 초크로 그려 놓은 꽃 그림들이 눈에 들어왔다. 참 예뻤다. 그래서 옆으로 피해서 걸어가려고 하니까 마을 사람들이 우리더러 그 꽃을 밟고 가라고 했다. 나중에 들었다. 인도에서는 귀한 손님이 오면 밟고 가라는 의미에서 길 위에 꽃을 뿌려 준다고. 그런데 꽃을 살 돈이 없으니까 초크로 꽃을 그려서 마음의 향기를 뿌려 놓았던 것이다.

○

그 마을은 돌을 깨는 노예들이 몇 대째 살고 있는 곳이었는데, 그때까지도 소수의 노예들이 남아 있었다. 더러는 아주 어린 아이들도 돌을 깨며 일하고 있었다. 마을에서 간증집회를 했는데, 어떤 앳된 아이 엄마가 나왔다. 그녀의 말이 그 마을은 원래 울음이 그치지 않는 동네였다고 했다. 왜냐하면 아이를 낳아도 먹일 게 아무것도 없어서 부모가 아이를 땅속에 파묻었기 때문에 이 집 저 집에서 늘 울음소리가 끊이지 않았던 것이다. 참담한 이야기가 가슴에 칼처럼 꽂혔다.

이어서 그녀는 교회에 대한 이야기도 했다. 처음 마을에 교회가 세워졌을 때는 교회에 다닌다고 하면 전기도, 물도 모두 끊었을 만큼 교회를 배척했다. 그런데 컴패션이 들어와 교회와 힘을 모아서 아이들을 교육시키고, 엄마들에게는 직업 교육을 시켰다. 그 결과 마을이 차차 변하기 시작했다. 노예도 거의 없어졌다. 그러자 교회가 힘을 얻어서 그 동네에서는 이장을 뽑더라도 교회의 승인을 얻어야 할 정도로 교회가 중요한 역할을 하게 되었다.

아이 엄마는 그 모든 마을의 변화가 자신의 생명을 내놓아도 좋을 만큼 감사하다고 말했다. 그리고 그 감사하는 마음을 담아 초크로 꽃을 그렸다고 고백했다.

그녀의 진심 어린 눈빛이 꽃처럼 가슴에 와서 박혔다. 그 순간 어디선가 꽃향기가 났다. 그녀의 감사가 향기로운 꽃길을 따라 흘러들어 그 자리에 있던 모든 사람의 마음에 감사의 꽃을 피웠다.

예수만으로
부유한 사람들

인도의 다른 마을에 방문했을 때였다. 12만 원이라는 빚을 갚지 못해 3대째 노예로 살고 있는 가정이 있었다. 배우 유지태와 함께 갔는데, 그가 컴패션과 결연한 아이의 엄마에게 물었다.

"만약 예수님께서 지금 이곳에 오신다면, 어떤 소원을 빌 건가요?"

그때 우리는 모두 그녀의 대답을 이미 알고 있다고 생각했다. 12만 원만 내면 그 지긋지긋한 노예 생활에서 풀려나 자유를 얻을 수 있을 터였다. 하지만 그녀의 대답은 매우 뜻밖이었다. 그녀는 빛나는 눈으로 "우리 아이와 같은 소망을 갖고 싶어요. 나도 진짜 예수를 만나고 싶어요"라고 말했다. 그녀의 대답과 당시의 상황이 마치 성경 속의 한 장면 같았다. 신약의 이야기가 살아 움직이는 것처럼 느껴졌다.

○

빛이 하나도 들어오지 않는 아주 컴컴한 집에 가정 방문을 간 적도 있었다. 남편은 병이 깊어 누워 있었고, 부인은 밖에 나가서 장사를 하는데, 그 장사라는 게 남이 버린 음식을 씻어서 거기서 나온 채소를 파는 일이었다. 그래서 집 안에 파리가 어마어마하게 들끓었다. 그녀는 그렇게 남편을 부양하며 살고 있었다. 너무나 안타까웠다. 볕이 잘 드는 집을 꼭 지어 주고 싶었다. 하지만 집 짓는 프로젝트를 진행하기 위해 컴패션 내에서 많은 이야기를 나누었음에도 고려해야 할 여러 사정으로 인해 생각처럼 좋은 결과로 이어지지는 못했다. 그러나 모든 상황을 초월해 아름다운 소망의 말을 하는 그녀를 통해 도리어 많은 것을 배울 수 있었다.

○

컴패션에 깊이 몸담기 전에는 나 역시 해결할 수 없는 아픔에 비관적이었다. 그런 상황을 맞닥뜨리면 속으로 '도대체 지구의 종말은 언제 오는 걸까? 저들은 언제까지 저렇게 비참하게 살아가야 하는 걸까?'라고 공허하게 외쳤다. 그런데 컴패션을 통해 조금 다른 생각을 갖게 되었다. 예수님만으로 부유한 사람들을 참 많이 보았기 때문이다. 그래서 오히려 무엇인가를 가지고 있다는 것이 불필요하고, 부담스럽게 느껴질 때도 있었다.

예수님 한 분만으로 진정 행복한 사람들을 계속해서 만나면서, 이 세상에서 진짜 가난한 것이 무엇인지를 곰곰이 생각해 보았다. 컴패션에서는 '아이들이 꿈조차 꿀 수 없게 만드는 것'이 가난이라고 정의한다. 만약 아이들이 꿈을 꾸기 시작하면 그건 가난을 벗어난 것이라고 말한다. 그런데 컴패션이 말하는 그 가난이 진짜 가난이라면, 부유한 세상 속에서 사는 우리들 가운데 진짜 부유한 사람은 과연 몇 명이나 될까?

예수님 한 분만으로 세상을 다 가진 것처럼 느끼는 아이들과 그 아이들을 위해 헌신적으로 일하는 선생님들의 밝은 미소가 그립다.

꿈을 꾸기 시작하면
그건 가난을 벗어난 것.

케냐에는 거대한 빈민가가 있다. 빈민 오십만 명이 살고 있는 곳도 있고, 빈민 백만 명이 살고 있는 곳도 있는데, 그 어마어마한 인구는 추정치일 뿐 정확한 조사조차 불가능하다. 해당 지역의 컴패션 직원들과 함께 들어가지 않으면, 쥐도 새도 모르게 죽을 수도 있을 만큼 위험한 곳이다.

그 빈민가에 갔을 때인데, 아이들과 놀다 보니 눈에 띌 만큼 굉장히 더러운 아이가 있었다. 자세히 보니 컴패션에 소속되지 않은 아이였고, 이곳저곳을 마구 쏘다니는 듯했다. 그 아이가 자꾸만 나를 껴안았다. 그런데 순간적으로 너무 더럽다는 생각에 몸을 움찔하고 말았다.

◯

이동하기 위해 빈민가를 빠져나와 버스에 올랐다. 자리에 앉자마자 아이의 얼굴이 떠올랐다. 주님께 너무나 죄송해서 눈물이 마구 쏟아졌다. 예수님이 나를 붙잡으려고 했을 때 내가 주님의 손을 놓은 것만 같았다. 아무래도 그 아이를 입양해야겠다는 생각이 들었다.

◯

그 아이가 누군지 알아내기 위해 해당 지역을 담당하는 컴패션 선생님을 찾아갔다. 그런데 막상 선생님을 만나고 보니 그 아이에 대해 무어라고 설명해야 할지 막막했다. 나는 잠깐 고민하다가 "약간 비정상적인 아이였어요"라고 말했다. 왜냐하면 그 소녀가 조금 비정상적인 행동을 하는 아이였기 때문이다. 그런데 나의 설명에 대한 선생님의 대답에 굉장한 충격을 받았다.

"아… 그녀는 참 특별해요. She is so special!"

그 대답을 속으로 수없이 따라 했다. 그 소녀는 비정상적인 것이 아니라 특별했던 것이다. 그 사건을 계기로 나는 다시 한번 제대로 나 자신을 들여다볼 수 있었다.

사랑에
목마른 사람에게

고린도전서 13장은 내게 참 특별하다. 나는 애초에 사랑이 없는 사람이지만, 동시에 사랑을 원하기 때문이다. 고린도전서 13장만큼 사랑을 잘 정의하는 글은 없는 것 같다. 그래서 나는 매일 아침 목욕하면서 그 말씀을 외운다.

그중에서도 "모든 것을 참으며 모든 것을 믿으며 모든 것을 바라며 모든 것을 견디느니라"는 7절 말씀의 "모든 것"이 아플 만큼 내 마음을 찌른다. 왜냐하면 나의 사랑은 여전히 선택적이기 때문이다.

어떻게 하면 더 사랑하며 살 수 있을까? 어렵지만 나를 떠나

보라고 조언하고 싶다. 아주 작은 것에서부터 의지적으로 타인을 섬겨 보는 것이다. 나에게 돌아올 것을 생각하지 않고, 계속해서. 예를 들어 휴지가 떨어져 있으면 그냥 휴지를 주우면 된다. 보통은 휴지를 누가 떨어뜨렸는지 불평하는데, 따져 묻지 않고 내가 아닌 타인을 위해서 행동하는 것이다. 다른 사람을 위해서 뭔가를 지속적으로 해보는 것은 사랑을 배우는 굉장히 좋은 방법이다.

계속 다른 사람을 위해 움직이다 보면, 마음속에서 작은 기쁨이 일어날 수밖에 없다. 왜냐하면 하나님께서 우리 안에 성령을 심어 놓으셨기 때문이다. 무조건 베푸는 것에서부터 사랑은 시작된다.

○

예수님께서 곧 사랑이시기 때문에 사랑은 모든 것을 가능하게 한다. 그러므로 진짜 사랑하면 모든 것이 가능하다.

산 넘어 산

한 번 산을 넘으면
그다음 산이 나타나고

그 산을 넘으면
또 다른 산이 나타난다.

하나님을 제대로 알지 못하면

방황은 끝없이 계속된다.

하나님은
나의 모든 것

하나님을 극적으로 만나진 못했다. 기억을 더듬어 보면 네다섯 살 때부터 교회에 다녔던 것 같은데, 그 시작이 언제였는지는 잘 기억나지 않는다. 식구들 중 아무도 교회에 다니는 사람은 없었다. 누가 먹을 것을 준다고 해서였는지, 아니면 동네 친구를 따라갔는지 그냥 어느 순간부터 나 홀로 교회 다니는 사람이 되어 있었다. 그렇다고 열심을 내는 그리스도인은 아니었다.

하나님이 어떤 존재인지는 잘 몰랐지만, 그분을 잘 알아서도 아니었지만, 그래도 내 안에 늘 하나님께서 함께하셨던 것 같다. 중학교 때 시험을 앞두고 제발 한문 문제만 나오지 않게 해달라고 기도했던 기억이 난다. 엉뚱하지만 그렇게 조금은 친근하게 주님과 관계를 맺어 왔다. 그러다가 철이 들고부터 주님께서 내 삶에 적극적으로 개입하시기 시작했다. 주님은 인생의 순간순간마다 내게 극적으로 다가오셨다.

○

많은 사건들이 있었다. 한 번 산을 넘으면, 그다음 산이 나타났고, 그 산을 넘으면, 또 다른 산이 나타났다. 물론 나는 중간중간 주님만이 나의 전부라고 고백했다. 그러나 지금 생각해 보면 마치 이집트 왕 바로가 열 번째 가서야 결국 마음을 돌이켰듯이 집안에 무슨 일이 일어나면 흔들리고, 돈이 없어지면 또 흔들리고, 믿었던 사람에게 좋지 않은 소리를 들으면 또 다시 흔들렸다. 그런 순간마다 나는 전혀 하나님을 믿는 사람이 아니었다. 그러다가 몇 년 전에 정말 이 산이 마지막이기를 소망하는, 아주 큰 산을 넘었다. 그 산을 넘고 나니, 이제는 목에 칼이 들어오든 내가 무엇이 되든 간에 그리스도 외에는 다른 모든 것을 배설물로 여긴다는 사도 바울의 고백이 진짜 내 고백이 되었다.

고상한 마음이 짓는
탁월한 죄악

요즘 가장 많이 생각하고 있는 주제가 있다. 일에만 열중하면
실수한다는 것이다. '배움learning'과 '행함doing'은 항상 걸음을 같
이 해야 한다. 사역을 할수록 배우는 시간을 충분히 가져야 한
다. 하나님을 아는 시간을 갖지 않고 계속해서 일만 하다 보면,
결국 하나님을 잊어버린다. 나 역시 그랬다.

○

컴패션에서 일하며 많은 실수를 했지만, 그중 가장 큰 실수는
때때로 하나님보다 컴패션을 더 위에 두었던 것이다. 그 당시
에는 사람들과 함께 필리핀, 인도, 우간다, 케냐 등 컴패션 사
역지에 가서 아이들을 돕는 것이 늘 벅찬 감동이었다. 또 같이

간 사람들이 돌아와서 신앙을 회복하고 그 마음이 아름답게 바뀌는 걸 보니까 그렇게 기쁠 수가 없었다. 그러다 보니 컴패션만큼 하나님의 마음을 담아서 남을 돕는 곳은 없다라는 생각이, 마치 이것만이 최고라는 듯 마음에 입력되어 버렸다. 내 안에서 컴패션이 너무 중요하고 가치 있는 일이었기 때문에 만약 컴패션을 소개할 때 상대방의 반응이 미지근하거나 그가 결연을 하지 않으면, 그 사람을 판단하고 정죄했다. 심지어 "긍휼이 없다, 저 사람은 망할 거다"라는 식으로까지 생각했다. 만나고 있는 내 앞의 그를 사랑하기보다는 컴패션 결연을 위한 도구처럼 여기는 경우가 많았다. 그러나 그때는 미처 깨닫지 못했다. 나중에야 알았다. 하나님께서 기쁘게 보지 않으실 나의 마음들을.

○

게다가 교만함은 바로 등 뒤에서 나를 넘어뜨릴 준비를 하고 있었다. 광고회사 웰콤의 설립자 중 한 사람으로서, 잘나가던 회사를 그만두고 컴패션에 와서 풀타임 봉사자로 섬기고 있다는 자의식이 나를 지배했다. 주변에서 좋은 이야기를 할 때면 겸손한 척하고 있지만, 속으로는 하나님과 거래를 하고 있었다. "하나님, 저는 이 일을 하기 위해서 모든 걸 포기했어요. 컴패션을 위해서 회사도 그만두고, 더 성공하고 돈도 잘 벌고 세상적인 좋은 것 다 누릴 수 있는데, 제가 안 한 거예요"라고 계속해서 하나님께 생색을 내고 있었던 것이다.

그때는 속에서 스멀스멀 자리 잡는 그 꼿꼿한 마음이 교만함인지조차 몰랐다. 하나님이 내 삶의 주인이 아니라, 나 스스로가 삶의 주인이었다. 내가 주인이 되어서 일을 그만두고 이쪽으로 온 것이라고 생각했다. 그러나 그것은 착각이었다. 하나님께서 모든 것의 주인이시기 때문에 실제로는 때가 되어 그분께서 나를 컴패션으로 옮기신 것뿐이었다. 그것도 깨닫지 못한 채 나는 내가 잘하고 있는 줄만 알았다. 배움 없이 일에만 집중했기 때문이다.

○

오스 기니스의 『소명』에 "고상한 마음이 짓는 탁월한 죄악"이라는 개념이 나온다. 당시 나는 하나님을 섬긴다는 명목 아래 우아한 노후를 꿈꾸고 있었다. 오드리 헵번이 생의 끝자락에 아프리카의 아이들을 돌보고 봉사하며 삶을 정리한 것처럼 나 역시 우아한 이미지를 그리며 베푸는 인생을 살다가 생을 마감하고 싶었다. 그렇게 아름답게, 하나님께 영광을 돌리면서 살고 싶었다.

물론 실제로 너무나 행복한 삶을 살았고 은혜도 많이 받았다. 하지만 지금 그런 삶을 살고 있다고 해서 주님께서 앞으로의 모든 삶을 그렇게 살라고 명하신 것은 아니다. 그럼에도 불구하고 내가 그렸던 그림이 무너지는 게 너무 싫어서 주님의 뜻을 모른 척하고 못 들은 척했다.

○

굉장히 어려웠던 한 해였다. 그해에 나를 위해 기도하던 모든 이들이 컴패션을 떠나라고 조언했다. 하지만 선뜻 그럴 수가 없었다. 하나님께 반항을 했다. "우아하게 살기 위해서 모든 것을 포기했잖아요"라고 내 뜻을 주장했다. 컴패션을 그만둬야 하는 상황으로 몰고 가시는 주님의 섭리 속에서도 끝까지 그 끈을 놓지 않으려고 버텼고, 그저 싫다고 억지를 부렸다.

　그러자 그때부터 영혼이 좀먹기 시작했다. 영혼이 살금살금 좀먹기 시작하는데, 정작 나는 몰랐다. 점점 기쁨이 없어지고 하나님 말씀이 안 들리기 시작하더니, 이윽고 광야의 시간이 나를 찾아왔다.

불안의
한가운데

그 무렵 광고회사를 꾸리며 은행에 모아둔 돈이 모두 사라지게 되었다. 금융시장이 요동치던 때였다. 그런 일을 맞닥뜨리자 나는 또 다시 하나님을 원망했다.

"주님, 저를 위해서 돈도 별로 안 쓰고, 맨날 하나님의 사람들을 먹이고 입히는 데 돈을 쓰면서 최선을 다했는데, 왜 저한테만 이러시는 건가요?"

지금 생각해 보면 주객이 전도된 꼴이었다. 내 것을 하나님께 드린 거라고 생각했지, 모두 하나님께 받은 것이라고는 생각하지 못했다. 마음에 원망의 구름이 드리우자 보이지 않는 두려움이 밀려왔다. 말도 못 한 두려움이었다. 그때 나는 하나님보다 은행 잔고를 믿고 있었던 것 같다. 마치 나의 미래가 그곳에 있는 것처럼.

○

'다 없어졌어. 이제 어떻게 해야 하지?'

나는 계속해서 불안감 한가운데 서 있었다. 불안이 점점 나를 옥죄었다. 기쁘게 베풀었던 마음들이 뒤바뀌어 이제는 모두 나에게 기대는 것만 같았다. 마음이 메말라 갔다. 감사가 사라지고, 삶이 힘에 부쳤다. 죽고 싶다는 생각이 들 정도로.

마침내 그 불안은 돌이킬 수 없는 후회 속으로 나를 몰고 갔다. 아픈 어머니에게 깊은 상처를 주고 만 것이다.

흘러간 시간은
돌이킬 수 없다

한창 광고회사에 다니고 있을 때 어머니가 파킨슨병에 걸렸다는 사실을 알게 되었다. 그런데 의사가 파킨슨병에 대해 너무나 암담하게 이야기를 했다. 마치 그 자리에서 금세 절망적으로 무너져 내릴 것처럼.

게다가 어머니가 직접 파킨슨병에 대해 알아보기 시작하면서 상황은 더욱 나빠졌다. "가족을 말려 죽이는 병이다"라는 말을 듣고 온 어머니는 무척 괴로워했다. 그래서 본래 다녀왔던 병원 대신 한방병원을 가겠다고 했다. 그러나 한방병원을 1년간 다니면서 어머니의 병은 더 빠르게 악화되었다. 그러다가 신문에서 아산병원의 어떤 박사가 파킨슨병을 잘 본다는 기사를 읽었다. 서둘러 병원을 찾았고, 그때부터 그분이 어머니의 주치의가 되었다.

○

어머니는 정말 신세 지기 싫어하는 분이었다. 게다가 자존심
이 무척 강했다. 맨 처음에는 종이 기저귀를 완강하게 거부했
고, 지팡이를 짚는 것, 휠체어를 타는 것 등등 병을 받아들이는
과정 하나하나를 견디기 힘들어했다. 그리고 본래 수묵화를
그리는 화가였기 때문에 매일 묵을 갈고 그림을 그렸는데, 더
이상 그림조차 그릴 수 없게 되자 너무나 가슴 아파했다. 그렇
게 곁에서 계속해서 어머니의 병이 깊어지는 것을 보았다. 기
도도 하고, 자주 가서 보살펴 드리고, 응급실도 수없이 들락거
리면서.

    파키슨병의 경우 점점 악화되다가 심해지면 온몸에 힘이
들어가면서 사지가 뒤틀리는 시기가 찾아온다. 그러니까 그때
부터 두려움이 생기기 시작했다. 어머니가 너무 고통스러워하
니까 도와주고는 싶은데, 어떻게 하면 좋을지 방법을 찾을 수
없었다. 그러다가 약을 먹으면 좀 괜찮아졌다. 하지만 언제 또
그런 고통이 찾아올지 모르니까 때때로 차라리 빨리 돌아가시
는 게 낫지 않을까 하는 생각도 많이 했다.

○

주말에는 가능한 한 친정에 가서 어머니를 돌보며 지냈다. 어머니가 이쪽 방에서 자고 나는 그 옆방에 자다가 부르는 소리가 나면 건너가서 기저귀도 갈고, 다른 필요한 것을 챙겨 주었다. 그런데 돌아가시기 전 마지막 해에 아픈 어머니에게 돌이킬 수 없는 말을 내뱉고 말았다.

내가 너무 힘들다는 이유로 "엄마, 나 죽고 싶어"라는 이야기를 한 것이다. 지금까지도 떠올리면 눈물이 고이는 너무 후회스러운 순간이다. 그렇지만 인생은 한번 가면 절대로 돌아오지 않는다. 아무리 소중한 시간이라도 단 1초도 되돌릴 수 없다.

광야의
시간

그날부터 어머니는 돌아가실 때까지 나와 한 번도 눈을 마주치지 않았다. 나의 가시 돋친 말이 어머니를 얼마나 아프게 했을까.

그해 견딜 수 없을 만큼 힘든 일들이 겹쳐서 일어났다. 그러자 기도를 하려고 해도 기도가 안 되고, 성경을 펴도 성경을 읽을 수 없었다. 여전히 교회도 가고 새벽기도도 했지만, 나는 멀쩡하게 앉아서 비판하는 사람일 뿐이었다. 스스로를 바로 볼 수 없었다. 그런 시간들이 계속해서 흘러갔다.

○

어머니는 영영 눈을 감았다. 슬픔과 죄책감이 목 끝까지 차올라 꺽꺽거렸지만, 눈물은 한 방울도 나오지 않았다. 아무리 울려고 해도 전혀 눈물이 나지 않았다. 거울 속 내 모습이 낯설었다. 눈에 빛이 하나도 없었다. 체중은 41킬로그램까지 줄어들었다. 마치 마른 장작 같았다. 그런 가운데 가까운 지인에게서 모욕적인 말을 들었다. 평소 존경하던 사람이었다. 그 사실이 내게 너무 큰 상처가 되었다. '믿었던 이마저 나에게 이런 말을 할 정도니까, 지금 세상 모든 사람들이 다 나를 욕하고 있구나'라는 생각에 사로잡혔다. 그때 나는 세상의 모든 사람들로부터 버림받은 존재였다.

◌

그날부터 사람을 만나면 말도 안 되는 헛소리가 입 밖으로 흘러나왔다. 그리고 상대방이 하는 말과 그의 속마음이 다르면, 그 마음의 소리가 내게 들렸다. 겉으로는 웃고 있지만, 속으로는 나를 비판하는 사람들의 생각이 들려 견디기 힘들었다. 그 소리들이 끊임없이 나를 괴롭혀 기도도 할 수 없었다. 나는 점점 망가져 갔다. 그럴수록 돈에는 더욱 집착했다. 원래 누우면 자는 사람이었는데, 밤에도 잠을 이룰 수 없었다. 밤새 거실을 오가면서 정신적으로 계속 고통에 시달렸다.

결국 남편이 병원에 있던 친구에게 전화를 걸어 상황을 이야기했고, 그날로 나는 병원에 입원하게 되었다. 외부인은 일절 만날 수 없었다. 병원에서는 신경이 팽창된 상태로 돌아오지 못하고 있다고 진단했다. 내가 어떤 상태인지 확인하기 위해 의사들이 질문을 해왔지만, 나는 어떤 답도 할 수 없었다. 다리가 몇 개인지 물어봐도 모르겠고, 워싱턴이 어디에 있는 도시냐고 물어봐도 모르겠고, 완전히 바보가 되었다. 아무런 생각도 할 수 없었다. 하나님과 너무나 이야기하고 싶었지만 주님과 나누는 대화조차 할 수가 없었다. 그래서 그냥 성경을 따라 썼다. 계속해서 성경을 따라 쓰며 한 가지 기도 제목만을 붙들었다.

"제발 아버지의 끈을 놓지 않게 해주세요."

나는 계속해서
불안감 한가운데 서 있었다.

세상의 모든 사람들로부터
버림받은 존재였다.

진리가

자유롭게 하리라

한 달쯤 병원에 있었다. 병원 아래층에 기도실이 있었는데, 두 시간 동안 기도실에 들어가서 가만히 앉아만 있다가 나오기 일쑤였다. 간호사가 부르면 그제야 병실로 올라갔다. 폐인이 따로 없었다.

○

그러던 어느 날, 꿈인지 환상인지 예수님께서 지옥의 끝에 서 있는 모습을 보았다. 내가 생각하는 지옥은 하나님과 완벽히 떨어져 있는 곳인데, 하나님 없는 곳, 바로 그곳에 예수님께서 홀로 계셨다.

　그 예수님께서 나에게 물으셨다. 예수님 말고 내게 필요한

게 있느냐고. 나는 정말로 주님 말고는 필요한 게 없다고 대답했다. 오직 주님만 필요하고 다른 건 아무것도 필요하지 않다고. 그런데 그 순간 갑자기 비 오듯 눈물이 흐르기 시작했다. 몇 개월 동안 나지 않던 눈물이 철철 흘러내렸다. 그리고 마치 수액이 나의 온몸을 쓸고 지나가는 듯한 기분이 들었다. 눈물이 그치지 않았다. 거울 속의 내가 엉엉 울고 있었다. 한참을 마치 미친 사람처럼 울고 나자, 모든 것이 끝났다는 확신이 들었다.

'이제 다 끝났구나.'

그러나 병원은 나를 내보내 줄 생각이 없었다. 나는 계획된 치료 일정 속에 있는 환자였다. 진짜로 끝났다고, 나를 한 번만 믿어 달라고 했지만, 의사도 간호사도 절대 안 된다고 했다. 모든 신경정신과 환자들이 그렇게 이야기를 하지만, 나가면 거의 다 재발되어서 돌아온다는 말이 되돌아올 뿐이었다. 그래서 남편을 설득했다. 다행히 남편은 내 말을 믿어 주었다.

○

"진리가 너희를 자유롭게 하리라"(요 8:32)는 말씀처럼 그 자유가 나에게 임했다. 세상에 갖고 싶은 것이 아무것도 없었고, 하나님 한 분만으로, 그 진리와 평화만으로 감사가 흘러넘쳤다.

말로 표현할 수 없을 만큼 너무나 좋았다. 그 전과 후는 비교할 수 없었다. 주님은 주님이시기 때문에, 주님은 모든 것이기 때문에, 하나님 외에는 아무것도 필요가 없었다. 놀라운 자유가 나를 찾아왔고, 내 삶은 송두리째 바뀌어 버렸다.

컴패션

내려놓기

제일기획에서 일하던 시절부터 광고는 늘 내 곁에 있었고, 나
는 그것을 꼭 붙든 채 30여 년을 광고와 동행했다. 그런데 그
런 광고를 내려놓는 일보다 더 힘들었던 것이 컴패션을 내려
놓는 일이었다. 사실 내려놓았다는 말보다는 내려놓지 않았다
는 말이 더 맞다.

무를 자르듯 그만둔 것은 아니지만, 결국 나는 보따리를 쌌
다. 바닥 끝까지 곤두박질친 후에야 주님 외엔 아무것도 필요
하지 않다는 사실을 깨달았고, 참 자유를 누릴 때의 기쁨을 알
게 된 것이다. 그 후 나는 컴패션이든 직업이든 가족이든 모든
것으로부터 이전과 다른 차원의 자유를 누리기 시작했다. 무
엇을 해도, 혹은 무엇을 하지 않아도 괜찮을 수 있었다.

오직 주님만 필요하고

다른 건 아무것도 필요하지 않다고…

좋은 시간이
오고 있어

너무나 힘든 시간을 보내고 있다면, 무엇보다 당신을 꼭 안아 주고 싶다. 그리고 나서 "그래도 좋은 시간이 오고 있어요"라고 이야기해 주고 싶다.

○

플라톤의 동굴 비유를 생각해 보면 '이렇게 되어야 해, 이런 회사에 들어가야 행복해, 그 빵을 먹어야 행복해'라는 생각과 바람은 동굴 속의 환영에 불과하다. 아무리 좋은 직업이라도 10년 후면 세상이 변해 사라져 버릴 수도 있다. 환영이 아닌 진짜 빛, 태양을 향해 바로 섰을 때 길이 열린다. 쇠사슬로 묶여 있는 삶을 청산해야 답을 찾을 수 있다. 힘들겠지만, 태양을 보려면 발을 묶고 있는 쇠사슬을 끊고 그 동굴을 빠져 나와야한다. 앉아서 환영만 보고 있는 한은 영원히 동굴에서 벗어날수 없다. 진짜 빛을 향하는 유일한 방법은 복음을 듣는 것이다. 주님께서 이미 약속하셨다. 존귀한 당신을, 존귀하게 사용하시겠다고.

우리는 모두 죽는다. 죽음을 약속받았다. 그러나 우리는 또 부활을 약속받았다. 부활하신 주님께서 재림하실 때 영원한 생명을 얻을 것이다. 지금의 삶은 찰나이고, 부활 이후의 삶은 영원하다. 그 약속을 믿고 환영을 벗어나기를, 부디 동굴 밖으로 나오기를, 주님의 말씀을 붙들기를.

○

나 역시 슬프고 우울한 생각이 들 때가 있다. 그럴 때마다 나는 말씀을 듣기 위해 노력한다. 그러면 신기하게도 말씀의 힘이 얼었던 마음을 녹이고 움직인다. 스스로가 바보처럼 느껴질 정도로 금세 마음속이 환해진다. 특별히 시편을 듣는데, 시편에는 인생의 모든 희로애락이 잘 스며들어 있어서 그때그때 꼭 필요한 은혜를 참 많이 받는다.

항상
기뻐하라

실패와 좌절. 거창하고 두려운 단어지만, 사실 이들은 인생의
곳곳에 참 많이 도사리고 있다. 한두 번이 아니라 열 번, 스무
번, 서른 번 계속해서 일어난다. 그래서 그 두려움에 집중하면
결코 기쁨을 누리지 못한다.

아무리 큰 성공을 거둔 사람이라도 마찬가지다. 더 큰 성공
을 원하면 거기서 또 좌절을 겪게 되기 때문이다. 계속해서 주
님이 아닌 상황을 바라보면, 끝없이 희비를 맛보며 절망의 늪
을 걸을 수밖에 없다.

시선이 닿는 대상을 바꿔야 한다. 처해 있는 상황에 주목하는

것이 아니라, 살아 계신 하나님의 능력과 초월하심과 영원하심과 무한하심을 바라봐야 한다. 그분께서 나의 주권자이시며, 그분이 나를 알고 또 내가 그분을 알고, 내가 그분께 반응하며 사는 것이 그분께 영광을 돌리는 길이라는 사실을 확고히 알아야 한다.

하나님으로부터 오는 기쁨은 무조건적이다. 어떤 상황 속에 있다고 하더라도 하나님과의 관계 속에 있다는 사실만으로 늘 기쁨을 누릴 수 있다. "항상 기뻐하라"(살전 5:16)는 말씀처럼.

그래도
좋은 시간이 오고 있어요.

퇴직을 걱정하는 사람들에게

세상에 마음을 두고 있으면 영원히 불안하다. "위의 것을 생각하고 땅의 것을 생각하지 말라"(골 3:2)는 말씀처럼 위의 것을 추구할 때에만 모든 것에서 자유로워질 수 있다.

○

먹는 것, 입는 것을 생각해 볼 때 어릴 적인 1950년대보다 훨씬 잘사는 시대를 살고 있다. 하지만 잘살고 있음에도 불구하고 오늘을 살아가는 우리는 너무 불안하다. 누려 왔던 것들을 계속 유지해야 한다는, 안락함에 의존한 가치관 때문이다. 모든 불안의 원인은 대부분 거기에서 시작된다.

그러나 진짜 하나님을 안다는 것은 하나님께서 창조주이시고, 그분이 나를 창조하셨고, 그분이 이 세상을 설계하셨음을 믿는 것이다. 만약 그 사실을 믿는다면 관점이 달라진다. 하나님께서 이 세상을 무심코 설계하셨을까? 결코 그렇지 않다. 그분께서는 직접 창조하신 이 세상에 살게 하신 내게, 특별한 소명을 주셨다. 하나님을 계속해서 바라보고 있으면 그 소명을 알 수 있다. 혹시 당장은 그 소명을 모른다고 할지라도 그분의 가지에 계속 붙어 있으면, 그분의 뜻을 따라 길을 걸을 수 있다. 주님의 가지에 붙어 있지 않으면, 퇴직을 해도 불안하고 안 해도 불안하다. 돈이 많으면 많은 대로, 적으면 적은 대로 불안하다. 세상의 것을 추구하는 한 두려움과 불안에 사로잡힐 수밖에 없다.

○

세상을 살다 보면 주님의 부르심으로 향하는 길과 그렇지 않은 길 사이의 갈림길에 설 때가 있다. 그때 주님을 향해 나아가는 길을 선택해야 한다. 100퍼센트 진짜가 아니면, 99퍼센트나 98퍼센트라도, 50퍼센트나 30퍼센트라도 똑같이 과녁을 빗나간 것이다.

그렇다면 100퍼센트 주님을 바라본다는 것은 무엇일까? 그것은 "나를 따르라"고 말씀하신 예수님을 따르는 삶이며, 십자가에 달리신 그분을 따라 십자가의 길을 걷는 삶이 아닐까? 그러나 십자가의 길은 고통스러운 것이기 때문에 그 길을 가겠다는 의지적 결정을 해야만 그 길에 설 수가 있다. 교회를 아무리 열심히 다닌다고 해도, 성가대도 하고 여러 봉사의 자리에서 섬긴다고 해도, 너무나 편안하고 안락한 상태라면, 그 길은 어쩌면 십자가의 길이 아닌 그 옆으로 난 길일지도 모른다.

주님께서 상관하시지 않는 길을 걷고 있다면 그 사람은 결코 성장할 수 없다. 심령이 가난하고 애통하고 온유하며 의에 주리고 목마른 것은 의지적으로 추구하지 않고서는 불가능한 것이다. 십자가의 길을 선택하고 받아들일 때만이 자유를 얻을 수 있다. 그러므로 어려운 길이지만, 주님의 길, 십자가의 길을 선택해야 한다.

7
부

배우고
기도하고
사랑하라

주님께서
나의 인생을 붙들고 계신다.

나와 당신의
스케치북

손이 빌 때였다. 평소 알고 지내던 분이 건물 지하에 자리가
났다며 그곳을 사용해 보라고 제안했다. 나는 그 공간을 꿈을
이루어 주는 장소로 만들고 싶었다. 그래서 '스케치북'이라는
이름을 붙이고, 카페 겸 레스토랑처럼 운영하기 시작했다. 누
구든 의미 있는 일을 하고 싶은데 공간이 없을 때, 특별히 꿈
을 펼치고 싶을 때 그 장소를 빌려 주고, 그 꿈을 격려했다. 그
러자 하얀 도화지 위에 주님께서 그림을 그리시듯 각양각색의
꿈들이 현실로 이루어지는 모습을 볼 수 있었다.

당시 스케치북 맞은편에 엔터테인먼트회사가 있었다. 문을

마주하고 있었기 때문에 친분이 생겨 때때로 그 회사에서 드리는 예배에 참석하게 되었다. 예배 때 대개 목사님을 초청해서 말씀을 들었는데, 미국에서 데이브 기븐스 목사님이 온 날이었다.

○

예배를 드린 뒤 한국 사람들끼리 이야기 나눌 기회가 있었다. 그때 미국 G&M재단의 빌 대표를 처음 만났다. 우리는 서로 지난 삶과 앞으로의 꿈에 관해 진솔하게 이야기를 나누었다. 빌 대표의 아버지는 목사님이었다. 고등학교 3학년 때 가족이 함께 이민을 갔는데, 아버지가 미국에 간 지 2개월 만에 세상을 떠났다. 그래서 그 뒤를 이어 어머니가 선교사가 되었고, 가족들은 어려움을 감내하며 주님의 뜻을 따랐다.

지금 그는 뉴욕 월 가에서 손꼽히는 한국인 경영자가 되었다. 오래전부터 그의 어머니가 그래 왔듯 한국의 장애인, 새터민, 수감자 등 도움의 손길이 필요한 사람들을 다방면으로 돕고 있었는데, 도움이 필요한 곳을 알고 있으면 함께 돕고 싶다고 나에게 이야기했다. 그래서 전부터 돕고 있었던 외국인 노동자 교회와 탈북자 학교를 소개했고, 그로 인해 자연스럽게 관계를 이어 가게 되었다.

뜻밖의
은혜와 자비

어느 날, 빌 대표로부터 한국에도 G&M재단이 있으면 좋겠다는 이야기를 들었다. 그래서 처음에는 단순히 재단 만드는 것을 도우려는 마음으로 일을 시작했다. 문화체육관광부에 재단으로서 승인을 받기 위해 서류를 내고 기다렸다. 그러나 생각처럼 쉬운 일이 아니었다. 몇 번이나 문을 두드렸지만 번번이 거절당했다. '하나님 뜻이면 꼭 될 거야'라는 마음으로 한 번더 지원을 했다. 그러나 시간이 흘러도 감감무소식이었다. 그렇게 한 해를 보내고 새해를 맞았다. 재단 승인에 대한 기대는 더욱 불투명해진 상태였다.

○

며칠 지나지 않아 뜻밖의 새해 선물이 도착했다. 재단으로 승인되었다는 연락을 받은 것이다. 깜짝 소식에 무척 기뻤다. 그러나 '그다음에는 무엇을 해야 하지?'라는 물음표에 맞서 쉽게 걸음을 뗄 수 없었다. 하나님께서 이걸 왜 하게 하셨는지, 나는 무엇을 해야 하는지, 처음부터 내게 꿈이 있어서 시작한 게 아니기 때문에 구체적인 그림이 그려지지 않았다. 게다가 미국의 자금으로 운영되는 재단이기 때문에 조심스럽고 두려웠다. 돈도, 사역도 온전히 흘려 보내는 통로가 되어야 했다.

○

그해 여행을 갔다가 옷 가게에서 투명한 옷을 하나 보았다. 지퍼가 달려 점퍼처럼 보이는 비옷이었다. 그 옷을 사서 집에 가져와 옷걸이에 건 다음 사진을 한 장 찍었다. 그리고 페이스북에 짧은 글과 함께 올렸다.

사람과의 관계, 돈을 쓰는 일 등 모든 면에서 투명함을 지키겠다는 나와의 약속이었다. 한국의 G&M을 누가 봐도 투명한 재단으로 꾸려 가고 싶었다.

이 옷은 투명함의 상징이다.
하나님과, 사람들과의 관계에서
무엇 하나 숨기지 않는
투명함을 선언한다.

—

2012년 9월 12일

물
주는 곳

G&M재단은 물을 주는 곳이다. 재단에 속한 자원을 통해 소외된 사람들, 도움이 필요한 이웃들에게 사랑을 전하고, 그들이 잘 성장할 수 있도록 독려하는 일을 하고 있다.

직접적으로는 책과 성경, 커뮤니티 등을 통해 사람들이 성장하고 변화할 수 있도록 돕는다. 그리고 간접적으로는 문화, 교육, 체육, 장애인, 새터민 등 다양한 분야에 걸쳐 뜻은 좋지만 돈이 부족한 곳에는 자금을, 시스템이 잘 갖추어져 있지 않은 곳에는 시스템을, 사람이 부족한 곳에는 인력을 지원해 준다. 사람들 또는 사람들을 위해 설립된 단체가 잘 성장할 수 있도록 숨어서 돕는 역할을 한다.

평일엔 직장인
주일만 그리스도인

"한국에는 기독교 인구도 많고, 하나님을 뜨겁게 사랑하는 사람도 많은데, 왜 회사에는 부조리가 가득한 걸까요? 왜 그리스도인들이 직장에 가면 주일과는 다른 삶을 사는 걸까요?"

재단을 꾸린 지 얼마 지나지 않았을 때 빌 대표가 나에게 던졌던 질문이다. 마치 나를 겨냥하는 것처럼 그 질문이 아팠다. 지난 시간들이 떠올랐기 때문이다.

○

그는 곧이어 자신이 찾은 답을 덧붙였다. 답은 우리가 너무나 성경과 책을 안 읽는다는 것.

그리스도인이라면 꼭 알아야 할 성경적 원리에 무관심한 것, 기본적인 기독교 서적을 전혀 읽지 않는 것, 성경 공부, 교제나 목사님 설교에는 귀 기울이지만 정작 성경 자체는 읽지 않는 것, 이 모든 것이 그가 찾은 문제의 원인이었고, 그것이 G&M이 사역해야 할 지점이었다.

○

기독교 서적의 경우 전자책이나 오디오북을 거의 찾아볼 수 없었다. 그래서 가장 먼저 오디오북을 만들기로 했고, 이를 활성화하기 위해 독서 모임을 시작하기로 했다.

"저스트 쇼 업 Just Show Up"이라는 모임의 이름은 미국에서 지었다. '그냥 와'라는 의미다. 보통 독서 모임의 경우 미리 책을 읽어 와야 하기 때문에 어려운 점이 있는데, G&M의 독서 모임은 함께 모여서 오디오북을 들으며 책을 읽고, 생각을 나누고, 성장할 수 있기 때문에 그런 부담이 전혀 없다. 하나님께서 주신 아이디어였다. 그리고 좋은 목사님들, 신학자들과 의논하고 정리해서 도서 목록을 차곡차곡 쌓았다.

왜 그리스도인들이
직장에 가면
주일과는 다른 삶을 사는 걸까?

은혜의
가랑비

성경의 경우 책보다 앞서 오디오 성경 듣기 모임을 하고 있었다. 성경을 들으며 인생의 어려움을 극복하고 많은 깨달음을 얻었다는 빌 대표가 할리우드에서 제작한 오디오 드라마 성경Word of Promise을 내게 건넸다. 빌 대표는 자신의 회사에서 일주일에 한 번씩 모여 이 성경으로 함께 성경 듣는 모임을 하고 있다고 했다. 그때부터 나 역시 일주일에 한 번씩 스케치북에서 지인들과 함께 성경 듣기 모임을 갖기 시작했다.

지금까지 이어지고 있는 그 모임은 시편으로 기도하고, 구약과 신약을 짝으로 듣고 나면, 한 시간에서 한 시간 반 정도가 걸린다. 사람의 말이 끼어들 틈 없이 성경만 듣는데, 그렇게 반복해서 성경을 듣다 보니, 나도 모르게 말씀이 온몸에 스며

들어 순간순간 나 자신이 많이 달라졌다는 사실이 느껴진다.

◯

한국어로 된 오디오 드라마 성경을 만들기 위해 작년부터 여러 사람이 애를 썼다. 성경을 잘 알고, 제작에 대해서도 빠삭한 사람을 찾아서 일을 진행하기 시작했는데, 그럼에도 불구하고 좋은 결과로 이어지지 못했다. 마음을 쏟았던 프로젝트라서 그만큼 실망도 컸다.

◯

어느 날, 드라마 성경 제작을 놓고 기도하는 중에 '내가 하길 원하시는구나'라는 생각이 들었다. '성경도 잘 모르고, 신학자도 아닌데, 어렵지 않을까요? 못 할 것 같아요'라는 변명으로 아무리 그 생각을 밀어내 보아도, 주님께서는 계속해서 선한 부담감을 주셨다. 그래서 일단 시작해 보기로 했다.

　제작 책임을 맡다 보니, 계속해서 성경을 듣고 읽을 수밖에 없었다. 그러면서 왜 주님께서 나에게 이 일을 맡기셨는지 그 이유가 조금씩 선명해졌다. 물론 성경에 대한 지식은 충분하지 않지만, 그동안 일하면서 쌓아 온 것들이 하나하나 밑거름이 되었다.

성경에는 수많은 인물들이 나온다. 그만큼 목소리를 연기할 배우들이 많이 필요하고, 제작에 참여할 전문가들도 여럿 있어야 한다. 그런데 내 경우 광고회사에서, 또 컴패션에서 일했기 때문에 이 일의 적재적소에 꼭 맞는 그리스도인 연기자들을 많이 알고 있었다. 게다가 녹음을 하는 일련의 과정 또한 내게는 익숙한 분야였다.

현재 신약성경을 완성했고, 올해까지 구약성경 제작에 총력을 기울일 생각이다. 성경이 모두 완성될 날을 생각하면 가슴이 벅차오른다. 꿈을 꾼다. 누구나 성경을 무료로 들을 수 있게 되었을 때 얼마나 많은 사람들이 오디오 드라마 성경으로 하나님을 알게 될까 하는.

○

책과 성경을 읽으면 읽을수록 제대로 아는 것이 하나도 없었음을 깨닫는다. 녹음을 하고 독서 모임을 이끌어 가면서 꽤 많은 책들을 가까이 하게 되자, 나도 모르게 가랑비에 옷이 젖듯이 몰랐던 것을 하나씩 알게 되었다. 열 명이 모여 책을 읽고 나누니까 열 번씩 책을 읽는 것과 똑같았다. 십자가, 부활, 예배, 공동체, 기도 등 모두 아주 기본적인 것인데, 막상 한 번도 제대로 배워 본 적은 없었다. 기도해야 하니까 열심히 기도했지만, 기도가 무엇인지, 어떻게 해야 제대로 기도하는 것인지 생각해 본 적은 없었다. 그리고 사람들이 이야기하는 것을 그저 수용하고 따라 할 뿐이었다. 예를 들어 부흥은 막연히 사람이 좀 많이 모이고 성령이 임재하는 것이라고만 생각했지, 마틴 로이드 존스의 『부흥』이라는 책을 읽어 보기 전까지는 그 이상의 아무것도 알지 못했다.

재단이 생긴 지 이제 4년이 지나가고 있다. 그사이 가장 많은 혜택을 받은 사람이 누구인지 묻는다면, 주저 없이 말할 수 있다. 바로, 나.

하나님 일을 하면서 왜 그렇게 힘들었을까? 하나님을 잘 믿고 있다고 생각했는데, 직장 생활은 왜 그렇게 힘들었을까? 성경과 여러 기독교 서적을 읽다 보니, 이제야 그 원인이 조금 뚜렷하게 보인다. 나는 지금까지 하나님을 뼛속 깊이 몰랐다. 제대로 알지 못했다. 그러다 보니 과녁을 빗나간 잘못된 기도를 할 수밖에 없었다.

나는 성장하지 않은 채 머물러 있었다. "때가 오래 되었으므로 너희가 마땅히 선생이 되었을 터인데 너희가 다시 하나님의 말씀의 초보에 대하여 누구에게서 가르침을 받아야 할 처지이니 단단한 음식은 못 먹고 젖이나 먹어야 할 자가 되었도 다"(히 5:12)라는 말씀처럼 나 역시 오랜 시간 젖먹이일 뿐이었 다. 성경과 책을 통해서 조금씩 조금씩 하나님을 알아 갈수 록 스스로가 그만큼 성장하고 있다는 것을 느낀다.

나는 지금까지
하나님을 뼛속 깊이 몰랐다.

성장하지 않은 채 머물러 있었다.

배우고 행하고
사랑하고 나누다

나보다 열 살 아래지만 빌 대표에게 삶에 관해 많이 배운다. 그는 하루의 시간을 3분의 1씩 나눠서 쓴다. 하나는 경영하고 있는 투자회사를 위해, 다른 하나 G&M을 비롯한 하나님과 관련된 일을 위해, 나머지 하나는 가족을 위해 쓴다.

그는 투자회사를 경영하기 위해 어마어마한 자료를 조사하고, 그것에 시간을 쓴다. 그런 그가 특별히 주의하는 부분이 있다. 하나님을 배우는 데 쏟는 시간이 우선순위에서 밀리면 실수한다는 점이다. 그래서 그는 하나님을 배우는 일에 가장 많은 시간을 들인다. 이를 위해 책을 읽고, 성경을 읽는다. 그렇게 하지 않아서 몇 년 전 힘든 시기를 겪었다는 그는, 아주 철저하게 이것을 지킨다.

○

빌 대표는 한국에 오면 많은 청년들과 멘토링 시간을 갖는다. 힘이 들 텐데, 만남이 새벽 1시까지 이어질 정도로 청년들에게 힘을 쏟는다. 자신이 운영하는 회사에서는 젊은 사람들이 만나 달라고 요청을 하면, 반드시 한 시간 이상 시간을 내준다고 한다. 그만큼 청년들을 사랑한다. 그리고 내게도 "우리가 다른 사람을 돕듯이 직원들이 성장하는 것을 도와야 합니다. 그리고 직원들에게 너그럽게 대해야 합니다. 그래야 그들도 밖에 나가서 다른 사람들에게 너그럽게 해줄 수 있습니다"라고 조언한다. 그는 종교적인 리더이기 이전에 삶을 가르치는 리더이다.

하나님께서는 나에게 참 많은 파트너 복을 주신 것 같다. 광고회사를 할 때는 최고의 전문가를, 또 이렇게 사람을 돕는 일을 할 때는 빌 대표와 같은 분을…. 조금 더 일찍 이런 분과 교제하며 성경적 가르침에 따라 어떻게 회사를 운영하면 좋을지 배웠더라면, 광고회사를 조금 나은 방법으로 운영할 수 있지 않았을까?

빌 대표의 투자회사는 입사한 직원들을 대상으로 인터뷰를 한다. 이를 통해 회사에 남을 사람과 이후 창업할 사람을 구분해서 일을 가르친다. 후자의 경우 어느 정도 경력이 쌓이면 그 직원이 퇴사하여 자기 회사를 차릴 수 있도록 돕는다. 그렇게 생긴 회사가 열 곳 정도 된다.

그에게 왜 그렇게 하느냐고 물었더니 "자본가가 참 중요하기 때문"이라는 답변이 돌아왔다. 자본가들이 어떤 회사에 투자하는지에 따라 회사들의 존폐가 결정된다. 좋은 생각으로 좋은 물건을 만드는 회사에 투자해야 그들이 세상에 이로움을 줄 수 있기 때문에 좋은 자본가를 키워야 한다는 것이다. 종교적으로 하나님을 잘 믿도록 돕는 제자 양육도 중요하지만, 일이라는 측면에서 하나님의 원리가 일 속에 잘 접목될 수 있도록 양육하는 것 또한 굉장히 중요하다.

○

광고회사를 운영할 때 나는 능률 중심의 리더였다. 뭐든지 최고로 잘하지 않으면 안 되었다. 광고라는 건 최고로 잘하지 않으면 금방 빼앗기니까. 일에 모든 시선을 집중시켰기 때문에 그만큼 사람을 잘 살필 수 없었다. 보듬어야 할 직원은 없는지, 혹시 아파하는 직원이 있는지, 그에게 어떤 상처가 있는지 등등 사람을 등한시했던 게 가장 후회된다.

넓은 관점에서 보면 내가 하는 일 속에 하나님 나라를 이룰 수 있었는데, 그런 관점에서 생각하지 못했다. 그저 일은 일이고, 교회는 교회라는 식으로. 그래서 힘들었을 뿐 아니라, 마땅히 주님의 영광을 위해 할 수 있었던 수많은 일들을 다 놓쳐버렸다. 그것이 무엇인지 G&M에 와서야 깨달았다.

○

첫째, 모든 과정 속에서 일보다 사람을 먼저, 많이 생각해야 한다. 순간순간 일이 잘되는 걸 먼저 생각하게 되는데, 그러면 실수하게 된다. 일은 어차피 하나님께서 하고 계시니까 우리는 사람을 생각해야 한다. 물론 끊임없이 기도하며 주어진 일에 최선을 다해야 하지만.

둘째, 파트너십이 참 중요하다. G&M의 경우 의사 결정을 할 때 리더들이 함께 모여 의견을 모은다. 의견이 잘 모아지지 않거나 좋은 아이디어가 떠오르지 않으면, 책이나 성경을 같이 읽고 이야기를 나눈다. 그런 과정에서 어떻게 사람을 존중해야 하는지 배운다. 혼자 회사를 운영하다 보면 독단적, 혹은 감정적이 되기 쉬운데, 함께하는 사람들을 통해 사안을 객관적으로 보게 되고, 하나님의 관점에서 이를 어떻게 끌어가는 것이 좋을지 생각해 보게 된다.

셋째, 즐거움을 누리며 일하는 법도 배웠다. 하나님께서는 우리에게 기쁨을 주셨다. 기진맥진하여 힘들게 일하기를 원하시지 않는다. 그래서 한국 G&M에서는 한 달에 하루를 "스위트 데이Sweet Day"로 정해서 직원들이 즐거움을 누릴 수 있도록 한다. 지금도 사무실 벽에 "달란트 시장이 여러분을 기다립니다"라고 적힌 종이가 붙어 있다. 아이디어를 내서 재미있는 시간을 공유하고, 어떤 때는 영화도 보고, 달콤한 음식을 먹기도 한다. 그런 시간을 통해 직원들이 서로의 생각을 공유하고 이야기를 나눌 수 있도록 돕는다. G&M재단의 비전은 "배움Learning, 행동함Doing, 보살핌Caring, 나눔Sharing"이다. 우리 안에서부터 항상 배우고 행하고 사랑하고 나누는 삶이 이루어지길 간절히 꿈꾼다.

나이의
앞자리 숫자가 바뀔 때

10대 때는 서른이 까마득하게 보인다. 그러나 언제 올까 했던 나이가 바로 내 나이가 되고, 나이의 앞자리 숫자가 바뀌고 나면 마음속이 조금 복잡해진다.

어릴 때는 마흔 살이 되면 인생이 끝나는 줄 알았다. 그래서 내 경우에는 30대에서 40대가 될 때 참 힘들었다. 웰콤에서 일할 때였는데, 일을 그만둬야 할 것 같다는 생각도 들고, 우울함은 등 뒤에서 계속 나를 따라다녔다.

○

그 무렵 촬영장으로 출근하는 길에 미용실에 들렀다. 우울한 마음도 달랠 겸 조금 독특한 가발을 하나 맞췄다. 클레오파트라 머리 모양의 단발 가발이었다. 앞머리도 일자에 뒷머리도 일자인. 그 가발을 쓰고 촬영장에 갔더니, 사람들이 한결같이 잘 어울리고 예쁘다고 해서 속으로 '아싸'를 남몰래 외쳤다. 그렇게 일을 마치고 사무실에 들어갔다. 다들 "어!" 하고 조금 놀랐지만, 그 외에 별다른 말은 없었다. 그런데 얼마 후 누군가 내 방에 찾아왔다. 나의 스승이기도 한 카피라이터 원로 선생님이었다. 그분이 나를 딱 보더니, 한마디를 남기고 갔다.

"내가 너무 오래 살았나?"

그 말을 듣고 한바탕 웃고 나니까 문득 마흔이 별것도 아니라는 생각이 들었다. 그리고 한동안 클레오파트라 가발은 내 머리가 아닌 사무실 한쪽에 걸려 있었다.

○

30대 중반에서 후반까지의 후배들로부터 "이 길이 내 길이 아닌가 봐요"라는 말을 종종 듣는다. 그들 대부분은 자신의 미래도 회사의 전망도 불투명한 상황 속에서 이제라도 직업을 바꿔야 할지, 만약 바꾸려면 뭘 어떻게 해야 할지 고민하고 갈등한다.

사실 정답은 고민하는 사람이 10대이든 20대이든, 30대 혹은 그 이상이든 동일하다. '어떻게 how'가 아닌 '왜 why'에 집중할 때 답이 보이기 시작한다. '어떻게 돈을 벌까? 어떻게 노후를 대비해야 할까?'라고 생각하면 답을 찾을 수 없다. 그러나 '왜 하나님께서 이 일을 나에게 시키셨을까? 이 일의 의미는 뭘까? 나는 진심으로 이 일을 즐거워하고 있을까?'라고 스스로에게 질문한다면 답은 보다 명확해진다.

○

늦었다고 생각될 뿐이지 정말 늦은 때는 없다. 나이를 비롯한 모든 것들에 대해 앞서서 선을 그을 필요는 없다. 늦었다고 단정 짓기 전에 내가 진짜 누구인지를 알고, 하나님께서 나를 어떻게 바라보시는지, 내가 어떻게 살기 원하시는지 자유롭게 찾기 시작하면 확신이 생기고, 그러면 용기가 생긴다. 누구든 주님께서 각자에게 주신 선물이 무엇인지 제대로 발견하고, 또 그것이 충분히 발휘될 때 가장 행복할 수 있다.

주님께서 나의 인생을 붙들고 계신다. 그러므로 용기를 내야 한다. 늦은 나이란 없다. 내가 증인이다. 60대가 되어서 이렇게 책을 읽게 될 줄, G&M이라는 재단을 대표하게 될 줄 그 누가 알았을까?

나도
내 곁의 당신도

이곳이 하나님께서 내게 주신 마지막 일터일지, 또 다른 일이
나를 기다리고 있을지 알 수 없지만, 나는 참 큰 복을 받았다.
주님께서는 나처럼 무지한 사람에게 어떻게 이런 일을 시키셨
을까? 어떻게 이런 좋은 사람들을 만나게 하셨을까?

지옥의 끝에서 예수님을 선택했던 순간을 지나 주님께서는
모난 나를 끊임없이 담금질하셨다. 내 삶을 통해 예수 그리스
도가 나타날 수 있다면 얼마나 좋을까? 나도, 내 곁의 당신도,
그리스도를 더욱 닮아 가길 바랄 뿐이다. 그것 말고는 지금 내
게 아무것도 필요하지 않다.

내가 그랬던 것처럼, 지금 무지의 미로 속에서 헤매고 있는
출근하는 그리스도인에게 길을 알려 주고 싶었다. 나 역시

여전히 알아 가고 있는 중이지만, 그래도 내게 있는 것을 나눌 수 있어서 행복하고 감사하다. 나는 오늘, 아주 감사한 시간을 살고 있다.

일하는 것이 너무 힘들어요.
일은 왜 하는 걸까요?

『온전한 그리스도인』
존 스토트

『일과 영성』
팀 켈러

『소명』
오스 기니스

○
신앙이 사회에 어떻게
영향을 끼칠 수 있을까요?

『정의란 무엇인가』
팀 켈러

『하나님 나라』
마틴 로이드 존스

『악의 문제와 하나님의 정의』
톰 라이트

하나님께서 정말 나를
인도하시는 건가요?

『인도하심』
라비 재커라이어스

『인생』
오스 기니스

○
사회 속에서
성경적으로 승리하는 법을
배우고 싶어요.

『다윗, 현실에 뿌리박은 영성』
유진 피터슨

『거짓 신들의 세상』
팀 켈러

———

눈으로 보고, 귀로 듣고, 함께 나누는
Just Show Up 오디오 북클럽 자세히 보기 ▶ **www.jsukorea.org**

추천사

가정과 일터는 우리 삶의 가장 중요한 두 기둥입니다. 그러나 그 기둥을 지탱해 주는 보이지 않는 기둥은 믿음입니다. 하나님과 동행하는 기도의 삶입니다. 젊음의 때에 이러한 삶의 기둥들을 바로 세워 나가는 것은 매우 어려운 일입니다. 그래서 앞서 승리와 실패를 경험해 본 분들의 조언과 격려가 필요한 것입니다.

문애란 대표님은 치열한 일터에서 그리스도인의 정체성을 가지고 승리하는 삶을 살아온 분입니다. 그래서 이러한 글로 후배들을 격려할 수 있는 자격증을 가진 분이라고 생각합니다. 오염되지 않고 꾸밈없는 언어로 수많은 젊은이들의 손을 잡아 일으켜 줄 수 있는 귀한 메시지를 이 책에 담았습니다. 이 책을 통해 세상 한복판에서 믿음으로 승리하는 젊은 세대들이 많이 나올 수 있기를 함께 기도드립니다.

온누리교회 담임목사, 이재훈

세상 속에서, 특히 직장 속에서 그리스도의 빛을 지켜 가는 것은 참으로 어려운 일입니다. 이런 세상 광야 속 그리스도인에게 선배 그리스도인이 나누는 경험과 지혜는 큰 갈증을 해소할 수 있는 사막의 오아시스가 됩니다. 제게 문애란 대표님이 그러하였듯이 직장에 다니는, 수많은 출근하는 그리스도인에게 이 책이 그런 존재가 되어 줄 것입니다.

어려움을 만날 때마다 한 장씩 찾아서 읽고 믿고 실천하다 보면, 마음의 중심이 바로 서고 자연스레 빛을 발하여, 직장, 나아가 세상을 바꿀 수 있을 것이라고 믿습니다.

마이크임팩트 대표, 한동헌

저는 지난 10년 동안 한국 컴패션에서 자원봉사를 하면서 같은 자원봉사자인 저자를 가까이에서 지켜볼 수 있었습니다. 제가 느낀 문애란 대표님은 온유하면서도 겸손한 분입니다. 그리고 기다릴 줄 아는 분입니다. 때로는 억울하거나 고통스러운 일도 있었을 텐데, 늘 밝은 표정, 고운 마음으로 조용히 기다리는 저자의 모습이 마치 예수님을 기다리는 성경 속 여인 같다는 생각이 들었습니다.

출간을 축하하며, 이 책을 통해 수많은 사람들이 예수님 안에서 힘과 위안을 얻는 일이 일어나기를 바랍니다.

배우, 차인표

문애란 대표님은 참 고마운 분입니다. 컴패션 안의 이분을 통한 수많은 어린이들의 희망을 생각하면 더욱 그렇습니다. 그래서 첫 장을 열며, 이와 관련한 가슴 벅찬 크고 놀라운 일들을 기대하기도 했습니다. 그런데 이 책은 한 사람의 삶이 어떻게 주님 앞에 겸손히 엎드러졌는지에 대한 진솔하고 조용한 고백이었습니다.

우리의 직장인들은 참 고단합니다. 특별히 멘토가 없어, 직장에서 어떻게 하나님 앞으로 나아가야 할지 모르는 젊은 그리스도인들에게 저자의 겸손함이 큰 선물이 될 것입니다.

한국 컴패션 대표, 서정인

'일의 신학'이 달라지니 시니어 문애란의 발걸음도 달라졌습니다. 최근 10년간 정기적으로 격주마다 저자를 만나 오며, 저자의 발걸음이 무척 빨라지는 속도의 변화를 눈치챌 수 있었습니다. 저자는 주니어 문애란 시절, 성공의 사다리 끝을 오르면서도 왜 축 처진 발걸음으로 출근했었는지 뼈저리게 아쉬워하며 이 책을 썼습니다. 일터 속의 문애란을 확 바꾼 그 '일의 신학'은 과연 무엇일까요?

Young2080 대표, 고직한

영웅은 자서전을 쓰고 성자는 참회록을 쓴다고 합니다. 저자는 이 둘을 조화롭게 엮어 자신의 꿈과 인생, 겉으로 보기에 화려했던 성공과 뒷면의 쓰라린 실패를 진솔하게 나눕니다.

유명한 광고 카피라이터에서, 한국 컴패션 홍보대사, G&M의 한국 대표로 변화하는 삶 속에서 터득한 지혜들이 엑기스처럼 이 책에 담겨 있습니다. 단순히 개인적 경험을 통한 깨달음이 아니라 "Just-Show-Up" 북클럽을 운영하는 책임자답게 그 깨달음이 독서를 통한 지식과 버무려져 현자의 잠언처럼 다가옵니다.

이 책이 세상 속에서 치열하게 살아가는 젊은 그리스도인이 후회 없는 삶을 살아가는 데 귀한 교훈으로 다가갈 것이라 믿어 의심치 않습니다.

KCCC 대표, 박성민